Feasibility Evaluation

事業性評価
の効率的方法

― 仮説と対話による中小企業の経営向上策 ―

中小企業診断士　杉本　良人　著

リンケージ・パブリッシング

はじめに

　平成27年から3年程の間、東京、栃木、新潟の各金融機関を訪問して、金融機関の営業推進または審査関係部署の方々とお話をする機会がありました。

　当時は事業性評価という概念が広まり始めていた頃で事業性評価を如何にして推進していくかについて模索しているといった時期でした。お会いした担当の方々にどのように事業性評価を行っていくのかあるいは行っているのかについてお伺いしました。

　ヒヤリング項目シート、事業性評価シート、ビジネスモデル俯瞰図という、いわゆる3点セットを用意し、これに記入することで事業性評価とするという金融機関もありました。もっとも、これらに記載されている事項を順番に質問してシートを埋めていくといったケースが散見され、それでよいのかと悩んでいる担当の方もいらっしゃいました。

　事業性評価は、取引先企業の適切な評価を行うことです。まず、金融機関と企業とが双方向の対話を行うことによってリレーション（関係性）を強化しつつ、①企業の事業内容（現在の事業性）を評価、すなわち企業の実態把握を行い、②企業の成長可能性（将来の事業性）を評価し、経営課題を把握します。

　次に、これら一連の事業性評価（狭義）を基に、目利き能力を発揮した融資（事業性評価融資）を行い、可能であれば、コンサルティング機能まで発揮するものです。

　ところが、前述の3点セットなどの記入用紙に記載されている事項は、業種・業態・企業規模・経営者の属性などの違いをほとんど区別せずに一律的なものとなっているのに、違いを考慮せずに項目を順番に質問すると、質問される相手方は、型にはまった事務的なアンケートとして感じてしまうのです。

　筆者は、事業性評価の本質を「事業への関心と対話から始まり、信頼関係の醸成による相互理解に尽きる」ものと考えています。

まず、個別企業に関心も持って、その事業の現状を見て感じたことを質問し相手方の話を聴くことです。話を聴くことによって信頼関係が築かれ始めます。さらに信頼関係を深めていくためには、相手方の経営にとって何らかの「気づき」をもたらすことが最良であると思います。

　そのためには対話する前段階で「仮説」を立てて、立てた仮説を会話のなかで修正したり深めたりしながら、ある程度確信を持った段階で、仮説を提示します。仮説を立てる目的は、面談の効率性を上げるために、ある程度議論・質問の方向性をつけるためであり、かつ面談相手の信頼を獲得することにあるのです。

　本書は、第1章で「事業性評価という概念」を理解していただき、第2章で事業性評価のための対話をする前の「事前準備」について説明し、第3章で「事業性評価」を具体的に進めていく方法について融資を含めて解説し、第4章では第3章までの方法により行った実践事例を業種別に掲載した、といった体裁を採っています。

　そして、本書は、金融機関の職員の方、商工会議所や商工会で経営支援をされている職員の方を便宜上名宛人としています。しかし、中小企業診断士などの士業を営んでいる方やコンサルタントをしている方で特に若手の方々にも十分納得していただける内容となっています。また、事業性評価に関心のある中小企業経営者の方にも、自社経営について考えたり、銀行とのつき合い方を知るうえで、参考になるものと確信しています。

　ぜひ、本書を閲読して、事業性評価を理解して、効率的に行っていただき、中小企業の成長・発展に繋げていただきたいと思っています。

令和元年7月

杉本良人

目　次

第1章　事業性評価を理解する

第1節　事業性評価とは
1．「事業性評価」が広まった背景 …………………………………… 10
2．原点回帰を目指す金融機関 ……………………………………… 14

第2節　事業性評価の本質
1．事業への関心と対話から始まる ………………………………… 19
2．信頼関係の醸成による相互理解に尽きる ……………………… 22

第2章　事前準備

第1節　対象企業の選定
1．金融機関の動向 …………………………………………………… 26
2．対象企業の選定方針 ……………………………………………… 27

第2節　企業の全体像を把握するための経営環境分析手法
1．経営環境分析手法の分類 ………………………………………… 31
2．押さえておくべき主な経営環境分析の概要 …………………… 32

第3節　面談訪問前の準備
1．面談前に必要な3つの準備作業 ………………………………… 40

2．経営者の関心事「売上」を理解するための予備知識 ………………… 46
   3．経営問題・課題に仮説を準備する …………………………………… 50

第3章　事業性評価の具体的進め方

第1節　経営者との信頼関係構築に必要な対話方法
   1．対話時に役立つ心構えと質問法 ………………………………………… 56
   2．経営改善の方向性 ………………………………………………………… 61
   3．「現場」「現物」に接し、経営者とのギャップを埋める ……………… 64

第2節　実際の対話から窮境原因を突き止める
   1．連続比較要約財務諸表を基に定性面を把握する ……………………… 66
   2．組織管理の不備を把握する ……………………………………………… 69
   3．「売上構造の5要素」を把握する ……………………………………… 72
   4．経営者自身にある真の窮境原因を特定する …………………………… 79

第3節　経営者に「気づき」をもたらす資料作成
   1．受注実績予想一覧表 ……………………………………………………… 82
   2．売上総利益（原価）管理表 ……………………………………………… 84
   3．資金繰り表 ………………………………………………………………… 88

第4節　融資に繋げるための最終工程
   1．最終評価に至らないケースがあることを覚悟する …………………… 103
   2．不適切な会計処理（粉飾決算）を把握して改善の道を探る ………… 104
   3．資金使途別融資案件へのアプローチ法 ………………………………… 106

第4章　実践事例から学ぶ具体的な事業性評価

第1節　製造業の経営改善事例
　　　　―高齢化が進む金属製品製造会社― ………………………… 112

第2節　建設業の経営改善事例
　　　　―新築住宅内見会を軸とした中小工務店― ………………… 116

第3節　建設業の民事再生事例
　　　　―2社が合併した中堅ゼネコン― ……………………………… 126

第4節　卸売業の経営改善事例
　　　　―東日本大震災に翻弄された中古パチンコ機卸会社― ………… 132

第5節　小売業の経営改善事例
　　　　―量販店・ネット販売を跳ね返すパパママ家電製品販売店― …… 138

第6節　飲食業の経営改善事例
　　　　―競合店対策に悩んだそば店兼居酒屋― ………………………… 145

参考文献一覧………………………………………………………………… 158

第1章

事業性評価を理解する

第 1 節　事業性評価とは

1.「事業性評価」が広まった背景

　「事業性評価」という言葉が世間に広まったのは、平成 26 年 9 月に金融庁の平成 26 事務年度金融モニタリング基本方針において、「重点施策」や「中小・地域金融機関に対する監督・検査」の項目で示されたことが契機でした。
　これは、同年 6 月に閣議決定された「日本再興戦略」に、戦略遂行の具体策の一つとして「地域金融機関等による事業性を評価する融資の促進等」が盛り込まれたのを受けたものです。

(1) 平成 26 事務年度金融モニタリング基本方針
　金融機関は、財務データや担保・保証に必要以上に依存することなく、借り手企業の事業の内容や成長可能性などを適切に評価し（「事業性評価」）、融資や助言を行い、企業や産業の成長を支援していくことが求められる。（金融庁平成 26 事務年度金融モニタリング基本方針 P2）
　地域金融機関は、―――地域の経済・産業活動を支えながら、地域とともに自らも成長・発展していくという「好循環」の実現に向けた取組みを強化することが求められている。―――地域金融機関は、地域の経済・産業の現状及び課題を適切に認識・分析するとともに、こうした分析結果を活用し、様々なライフステージにある企業の事業の内容や成長可能性などを適切に評価（「事業性評価」）した上で、それを踏まえた解決策を検討・提案し、必要な支援等を行っていくことが重要である。特に、目利き能力の発揮による企業の事業性評価を重視した融資や、コンサルティング機能の発揮による持続可能な企業（特に地域の経済・産業を牽引する企業）の経営改善・生産性向

上・体質強化の支援等の取組みを一層強化していくとともに、継続困難な企業に対する円滑な退出への支援にも取り組んでいくことが求められている。
（金融庁平成26事務年度金融モニタリング基本方針P18）

（2）事業性評価を定義すると

　金融庁はよく預金取扱い金融機関を主要行等と地域金融機関とに区別して資料を作成・公表しています。主要行等とは、みずほ銀行、みずほ信託銀行、三菱東京UFJ銀行、三菱UFJ信託銀行、三井住友銀行、三井住友信託銀行、りそな銀行の、いわゆる主要7行に、新生銀行、あおぞら銀行の2行を加えた9行、あるいは、さらにシティバンク銀行、ゆうちょ銀行の2行を加えた11行を指します。これに対して、地域金融機関とは、地方銀行、第二地方銀行、信用金庫、信用組合を指します。

　この金融モニタリング基本方針P18では、地域金融機関が主体となっています。しかし、金融モニタリング基本方針P2や、その後に名称が変更されて引き継がれ公表された28年事務年度金融基本方針のなかの金融仲介機能の十分な発揮と健全な金融システムの確保等（同P18）や、金融仲介機能のベンチマークでは、預金取扱い金融機関を区別することなく「事業性評価」の対象としています。

　そうすると、上述した金融庁のモニタリング基本方針においての「事業性評価」は「預金取扱い金融機関が行うべき」ものを意味するものであり、「事業性評価」とは、「預金取扱い金融機関が財務データや担保・保証に必要以上に依存することなく、借り手企業の事業の内容や成長可能性などを適切に評価し、融資や助言を行い、企業や産業の成長を支援していくこと」をいうものと考えられます。

（3）事業性評価は金融機関だけが行うものではない

　しかし、「事業性評価」は何も預金取扱い金融機関だけが行うものではないと筆者は考えています。商工会議所や商工会の職員、特に経営指導員は、

小規模事業者経営改善資金（通称マル経融資）を申し込む小規模事業者からの相談業務において事業性評価を行うことが期待されています。マル経融資とは、小規模事業者の経営をバックアップするために無担保・無保証人で商工会議所や商工会の推薦に基づき融資される日本政策金融公庫の公的融資制度です。

　また、経営発達支援計画の認定を経済産業大臣から受けている商工会議所や商工会も多く、経営発達支援計画では小規模事業者の事業計画策定支援が中心になっており、この支援でも事業性評価が行われることが期待されています。

　なお、企業経営を診断し支援を行う専門家コンサルタントは、従来より、直接顧客から依頼されたり、各都道府県の中小企業再生支援協議会などから委嘱されて、事業者が作成する事業計画・経営改善計画・事業再生計画などの作成支援をするために、事業（性）評価を行い、事業（性）評価報告書を作成しています。

（4）事業性評価のレベル

　では、「事業性評価」は専門家コンサルタントが行うレベルのものが要求されるのでしょうか。前掲の金融庁平成26事務年度金融モニタリング基本方針P18には、企業支援の例として、「目利き能力の発揮による企業の事業性評価を重視した融資」（前者）が「コンサルティング機能の発揮による持続可能な企業に対する支援」（後者）のほかに掲げられています。

　金融機関には中小企業診断士・税理士・公認会計士などの有資格者が勤務しているところも多く、そのような人達がいる金融機関では後者であるコンサルタント機能を発揮することもよいでしょう。しかし、これらの有資格者は職員の一部にしかすぎません。圧倒的多数の一般職員にまで後者を要求するということは考えにくいと思われます。

　そこで、前者が企業支援の例として特記されていると筆者は考えています。すなわち、一般の職員である融資渉外担当者にとっては「目利き能力の発揮

による企業の事業性評価を重視した融資」いわゆる「事業性評価融資」だけでも十分だということです。「事業性評価」の全体像を示しました（図表1-1）。

同様に、商工会議所や商工会にも中小企業診断士などの有資格者が勤務しているところもありますが、職員の一部にしかすぎません。むしろ、有資格者が勤務していないところの方が圧倒的に多いでしょう。

それでも、商工会議所や商工会の職員、特に経営指導員は、無担保・無保証人でマル経融資を申し込む小規模事業者を日本政策金融公庫に推薦するために事業性評価を行うことが期待されているのですが、期待されるレベルは推薦する限度においてです。

図表1-1　事業性評価の全体像

広義の事業性評価	
狭義の事業性評価	課題解決策の提案および支援の実行
企業の適切な評価	●持続可能な企業に対して
双方向の対話によるリレーション強化	①目利き能力の発揮による融資
①企業の事業内容（現在の事業性）評価	担保・保証に必要以上に依存しない
実態把握（商流、強み・弱み、顧客、競合先）	融資・金融支援（資金提供・条件変更）
②成長可能性（将来の事業性）評価	②コンサルティング機能の発揮
経営課題の把握	本業支援（経営改善・生産性向上・体質強化）
	●継続困難な企業に対して
	円満な退出支援（保証債務の整理）

金融機関が行う事業性評価は、まず、図表1-1の左側の狭義の事業性評価、すなわち企業の適切な評価を行います。金融機関と企業とが双方向の対話を行うことによってリレーション（関係性）を強化しつつ、①企業の事業内容（現在の事業性）を評価、すなわち企業の実態把握を行い、②企業の成長可能性（将来の事業性）を評価し、経営課題を把握します。

次は図表 1-1 の右側です。①これら一連の事業性評価（狭義）を基に、目利き能力を発揮した融資（事業性評価融資）を行い、可能であれば、②コンサルティング機能まで発揮するものです。

ここで、リレーション強化は、「リレーションシップバンキング」（リレバン）や「地域密着型金融」として従来、企業と向き合う金融機関の取組みとして、金融行政上、求められてきたものと軌を一にするものであり、言葉を変えて再度登場したと考えられています。

2. 原点回帰を目指す金融機関

(1) 従来、金融機関は事業性評価を行っていた

それでは、金融庁が平成 26 年 9 月に敢えて事業性評価を謳うことになったのは、これまで金融機関が取引先企業と向き合い事業性を評価して融資をしてこなかったからなのでしょうか。

そうではないと筆者は考えています。少なくとも筆者が銀行で融資稟議担当となった昭和 50 年代においては、融資の実行に際しては、以下のような流れで手続をしていました。

・財務内容のほか企業の実態・成長可能性を把握し融資の可否を、
・資金使途・還流によって融資形態を、
・見積もった返済財源から返済の可否、融資金額・期間の適否を、
・企業財務の安定性など諸般の事情を考慮して保全の要否・額を、
判断していました。

その判断、特に企業の実態・成長可能性把握は、営業店長、次席、融資担当役席、渉外担当者、融資稟議担当者などのうち少なくとも 2 名以上で行っていました。

例えば、渉外担当者が日常的に、営業店長や次席などが適宜に、企業を訪問して工場や店舗を見学し、取引先経営者と面談して行っていました。

（2）稟議の形態と「短期継続融資」

　稟議についていえば、設備資金、つなぎ運転資金、増加運転資金など、随時発生する融資に対しては、その都度稟議をしていたことはもちろんですが、多くの場合、半年ごとに融資限度額の承認を伺う包括的な稟議である極度稟議の形態を採っていました。

　すなわち、承認期間・限度額において、商手割引、手形貸付の実行がそれぞれ認められるというもので、毎月のように持ち込まれる商手割引や条件の異なる複数の手形貸付など頻繁に行われる融資実行の際の稟議の煩雑さを省くものでした。

　また、融資の回収と再実行という事務的な煩雑さを省くために期間6か月などの短期の手形貸付においては書替がなされるのが通常でした。これは「短期継続融資」と呼ばれ、いわゆる「ころがし」あるいは「短コロ」とも略称されるものです。

　金融機関として融資に際して当然に求められる企業の実態・成長可能性把握を適切に行っている以上、都度ではなく包括的に稟議し、短期であっても継続することも許容されたわけです。

（3）バブル経済崩壊後の変化
①金融機関の経営悪化と「検査マニュアル」の登場

　しかし、バブル経済が崩壊した後、多くの金融機関が不良債権処理に悩み、平成9年に北海道拓殖銀行、平成10年に日本長期信用銀行や日本債権信用銀行、平成11年以降も東京相和銀行のほか多くの金融機関が相次いで破たんしました。

　そこで、平成11年に危機感を抱いた当時の金融監督庁は「預金等受入金融機関に係る検査マニュアル」を策定しました。各金融機関はそのなかの「資産査定」に注視せざるをえなくなり、与信管理の厳格化が図られました。

　また、金融機関自体の統廃合が進み営業拠点が減少して地理的にも企業との間に距離が生まれ、経費削減のために人員が削減された結果、職員あたり

の担当取引先と移動時間が増加しました。
　加えて、金利が低下し、貸出先がなく金利競争が激化して利ザヤが縮小するなかで、本業の融資による収益を補うべく手数料収入獲得のために、投資信託・保険など種々の金融商品を扱うようになって、職員の負担がさらに増しました。

②「貸し渋り・貸し剥がし」と金融円滑化法

　与信管理が厳格化され、金融検査や検査マニュアルを恐れた金融機関は、職員の負担が増加したことにより従来のように、じっくりと企業の実態・成長可能性を把握する余裕がなくなってしまいました。
　いきおい必要以上に、担保を徴求したり、担保がなければ信用保証協会の保証を求めたり、「短期継続融資」を約定弁済付融資に変更したりするようになったのです。
　そうすると、景気悪化が進むうちに、金融機関の動向に反応した企業のなかには、借入を継続・追加するために、自社の決算内容を良く見せかける操作すなわち粉飾決算に走るものも出てきました。金融機関側もさらに融資条件や保全を厳しくせざるをえなくなり、悪循環に陥りました。
　さらに、当時10行あった都市銀行は、景気悪化が続くなかで資金需要がなくだぶついた資金の運用先を確保するため、従来融資取引があまりなかった中小企業や小規模企業などに対して、信用保証協会の保証付き融資を積極的に行いました。
　責任共有制度がなかった当時、信用保証協会から貸金全額の代位弁済を受けられたことから、安易に融資額を増やすことができたのです。金融機関の信用保証協会の保証依存の体質が蔓延化していきました。
　平成15年に「リレーションシップバンキング」、平成17年に「地域密着型金融」といった概念・施策が金融庁により提唱されましたが、景気悪化が続く状況下では事態は一向に変わりませんでした。追い打ちをかけるように、平成20年にリーマンショックが、平成23年に東日本大震災が、それぞれ発

生しました。

　金融機関の貸し渋り、貸し剥がしが社会問題になり、平成21年に金融円滑化法が成立し、平成25年3月まで2度の延長がなされました。

　この金融円滑化法によって企業は借入金の返済条件を変更しやすくなり、返済猶予が認められて企業倒産は減少しましたが、不良債権問題を先送りしただけとも評されています。

（4）原点回帰

　こうしたなかで、金融円滑化法の終了後の手当として、本書の冒頭に挙げた平成26年事務年度金融モニタリング基本方針などが公表されることになったのです。

　これまで述べてきたことからお分かりいただけた通り、「事業性評価」という概念は、バブル経済崩壊以前に金融機関が融資判断に際して行っていた当然なすべきことが、なされなくなった時代において、なすべき当然のことをすべきであると言っているのであり、金融機関が原点回帰することを促しているものです。

　そして、金融庁は、平成26事務年度金融モニタリング基本方針の発表後、平成27事務年度金融行政方針において、「金融庁の改革」と題して金融庁自体の従来の検査に対する考え方の反省を表しました。また、平成28年に金融仲介機能のベンチマークを公表しました。

　これらにより、各金融機関は、従来のリレバンなどとは違い、金融庁の本気度を確信し、この「事業性評価」に真剣に取組み始めたわけです。

　この「金融仲介機能のベンチマーク」につきましては、筆者も共著者となっている「金融仲介機能のベンチマーク」と企業再生支援———金融検査マニュアルによる資産査定から事業性評価への大転換———（同友館）を参照していただければよいかと思います。

(5) 金融検査マニュアル・別冊の改訂から廃止へ

　平成 27 年 1 月に金融検査マニュアル別冊（中小企業融資編）が改訂されました。改訂の趣旨は、新たな資産査定基準を課すものではなく、「企業実態の十分な把握」や「債務者への働きかけ」を検証しつつ、中小・零細企業などの適正な債務者区分の判断に資することにあります。

　この金融検査マニュアル別冊（中小企業融資編）には、運用例が 27 事例（事例 1 から事例 28 まであり、事例 25 が欠番となっている）が掲載されています。このうち事例 20 が改訂版となっています。この事例 20 は「短期継続融資」に関するものです。

　正常運転資金は、一般的には「売上債権＋棚卸資産－仕入債務」とされています。しかし、実際の算出にあたっては、債務者の業況・実態の把握とキャッシュフローを含めた今後の見通しにも留意して検討すべきであり、正常運転資金の範囲内での「短期継続融資」は妥当な融資形態の一つであり、金融機関の目利き力発揮の一手法となりうると述べられています。

　平成 29 年 5 月に、平成 26 事務年度金融モニタリング基本方針が発表されて以降、運用面も含めて事業性評価の趣旨に整合していないとも受けとめられていた金融検査マニュアル自体が改訂されました。

　この改訂された金融検査マニュアルの「はじめに」において、金融庁の検査の実施にあたっての検査官心構えとして、問題点の的確な指摘、改善のための分析、指摘・評定根拠の明示のみならず、適切な取組への評価の必要性に加えて、検証結果に対する金融機関の納得感を得ること、を掲げて検査官に注意を促しています。平成 27 事務年度金融行政方針において「金融庁の改革」として金融庁自体の反省が述べられたことを金融検査に際して、より明確にしたものです。

　そして、平成 31 年 3 月末をもって上述の金融検査マニュアルも金融検査マニュアル別冊も廃止されることとなりました。

第2節　事業性評価の本質

1. 事業への関心と対話から始まる

(1) 個別事業に理解と関心を持つ

　必要以上に担保・保証に依存してきた結果、事業性評価をする土壌が薄れてしまった金融機関の職員としては、今後、事業性評価をして融資するためにはどうすればよいのでしょうか。

　また、金融機関全体に事業性評価気運が高まるなかで商工会議所や商工会の職員として、小規模事業者を日本政策金融公庫に対してマル経融資の推薦をするに際して事業性評価をどのように行えばよいのでしょうか。

　これが本書の命題です。図表1-1をもう一度ご覧ください。

　狭義の事業性評価とは、企業の適切な評価です。そして、その入口は金融機関等と企業とが双方向の対話を行うことによってリレーション（関係性）を強化することです。

　「評価をする」ことは、「理解する」ことなくしてはできず、それが前提となります。「理解する」ためには、理解すべき対象の「現場」「現物」に接し、情報を入手しなければなりません。

　この場合の「現場」「現物」は、企業の事務所・店舗・工場・倉庫などであり、そこでの在庫、機械・設備、人の動きや資材・商品などの流れです。

　これらを見て、聴いて、適切に情報を入手するためには、企業経営に興味・関心を持ち、理解しようとする心構えが必要です。企業経営に対する興味・関心には、経営全般に対するもののみならず、当該個別の事業に対するものが含まれます。

　換言すれば、「事業性評価は事業への関心と対話から始まる」といえます。

(2) 関心を持った事業内容を話題に選ぶ

　金融機関・商工会議所・商工会（以下、金融機関等という）の職員は就職活動時に経済や経営に関心があった人が多いはずです。しかし、その関心は経済・経営全般に対するもので、個別企業、それも地域の中小企業に対するものではなかったようです。

　そして、顧客や会員、とりわけ経営者には高齢の方が多く、何を話題にすればよいのかと迷い、会話することに苦手意識を持っていると思われます。少なくとも筆者はそうでした。

　ところが、筆者が入行後融資稟議担当となって間もなくして、その意識は払拭されました。

　当時、事業資金の融資案件は、取引先渉外担当者または営業店長などの上司から間接的に稟議要請されることが多く、企業から直接稟議担当者に申し込まれることはほとんどなかったのですが、ある製麺会社の経営者から営業店の融資窓口にいた私に事務所・工場の新築という設備投資案件が直接申し込まれました。

　当該案件は敷地の半分が借地で、借地関連の手続上、面談の機会を多く必要とした結果、当該事業に関心を持たざるをえず、かなりの時間、当該経営者と会話を重ねたものでした。

　これが契機となって、融資稟議の要領を実地で習得し始めることができただけでなく、個別の事業や融資条件に関心を持って、その事業・融資条件を話題にすれば、会話することができるということがわかったのです。

　筆者の体験談から話を元に戻しますと、個別の事業に関心を持つことができれば、当該事業内容に対して質問する事項が色々と思い浮かびます。それらを話題にします。

　会話の手始めに世間話をするとか、事務所の備品などを褒めるとかいった、いわゆる会話のテクニックを入れる方がよいとの考え方もあるようですが、そのようなテクニックの使用は、挨拶代わりに短時間で済ませるような場合以外は時間の無駄だと思います。訪問直後の挨拶を済ませれば、「早速ですが」

と言って単刀直入に事業内容を話題にすればよいのです。

(3)「事業への関心」を伝える面談アプローチ

　金融機関職員の場合ですが、こちらが個別の事業に関心を持って会話を望んだとしても、具体的な融資案件が当該取引先から持ち込まれるといった状況であれば別ですが、取引先が対話に応じてくれて関係性が強化され、適切な情報が入手できるか、どうかはわかりません。

　そこで、対話に繋ぐ「面談へのアプローチ」が課題となります。

　例えば、支店長や副支店長の肩書を持つ営業店長や次席などが企業を訪問する場合には、多くの場合、彼らの肩書がモノを言い、面談へのアプローチに問題は少ないでしょう。しかし、若手職員が渉外担当となって企業を訪問する場合には問題となりえます。渉外担当者が企業を訪問すると、金融機関の職員であるというだけで、取引先が面談に応じてくれる場合が多いものです。とはいえ、経営者が面談になかなか応じてくれない企業もあります。ここでも、キーワードは、「事業への関心と対話」です。

　この場合、「事業への関心」を取引先に伝えることができれば、面談に応じてくれる可能性が高まると思います。何度か企業を訪問して、応接担当者に対して、経営者と面談するにはどうすればよいか、経営者の現況などを問い合せ、面談のタイミングなどについて真剣に相談すると同時に、簡単な当該企業の状況について質問することも一つの方法です。これもある意味で応接担当者との対話ということになります。

　そうすると、企業側の応接担当者に、当社を理解したいという「事業への関心」が情熱となって伝わって、応接担当者は、渉外担当者が何度も訪問して面談要請していることを無視し続けることが心理的に困難となり、面談日時を調整してくれることもあります。

2. 信頼関係の醸成による相互理解に尽きる

(1) 双方向の対話によるリレーション（関係性）強化とは

　経営者と面談することができれば、次は「リレーション強化となる双方向の対話」ができるかどうかにかかってきます。これが本書の中心命題です。これができなくなったからこそ本来金融機関がなすべき事業性評価を行う土壌が薄れたのです。逆を言えば、これがうまくいけば、事業性評価は順調に行く可能性が高まります。

　関係性は信頼性が増すことによって強化されますから、関係性は、すなわち信頼性といっても誤りではないでしょう。信頼性が増せば、企業は自己の情報を開示することに躊躇しなくなります。

　そうすると、金融機関等は、現在の事業性である企業の実態を把握し、将来の事業性である成長可能性を評価することがしやすくなります。と同時に、人は信頼性あるその相手の情報を取り入れるようになります。いくら人の話を聞かないと思われるワンマン経営者であっても、信頼できると感じた人の話は聴くものです。

(2) 信頼関係の醸成がもたらすもの

　信頼関係が醸成されると、企業経営者は、自己の情報を出すことによって、その事業経営に関する情報を得ることができることになり、より自社を分析することができるようになります。

　経営者が自社の分析を続けていくうちに、問題解決策におぼろげにも気づくことが多いものです。この「気づき」の情報が金融機関等の職員に共有され議論されていくうちに問題解決策が浮き彫りとなります。

　ここで、金融機関等の職員ではなく、専門家コンサルタントが事業性評価をする場合の話を敢えてします。

　専門家コンサルタントは、経営課題とその実効策を10以上提示できるとしても、多くの場合、例えば重点3項目に絞った提案をするものです。中小

企業の場合、実行能力に限界があるため、多くの課題実効策（問題解決策）を短期間で実行することが難しいからです。そして、この重点項目のなかには企業経営者の「気づき」によるものが多いことも実情です。

この経営者の「気づき」が金融機関等の職員に伝わることによって、さらに金融機関等が行う企業の実態把握や成長可能性評価が進展し、それらに貢献することになります。事業性評価がうまくできれば、その評価のなかで資金需要が掘り起こされる場合も多く、融資へと繋がりやすくなります。

企業にとっても、信頼性が増した相手である金融機関との継続的な取引に安心感をもって望めます。まさに「事業性評価は信頼関係の醸成による相互理解に尽きる」といえます。

事業性評価の本質についてまとめると、「事業性評価は事業への関心と対話から始まり、信頼関係の醸成による相互理解に尽きる」となります。

この本質を見極めたうえで、その意味内容をどうやって完遂するのか、具体的な実践方法について、第2章以下で検討します。

第2章

事前準備

第1節 対象企業の選定

1．金融機関の動向

（1）金融庁と金融機関の対話

　金融庁は、平成26事務年度金融モニタリング基本方針において事業性評価という概念を発表して以来、金融機関がその趣旨を理解し確実に実行できるようにするために、前述の通り、平成27年1月に金融検査マニュアル別冊（中小企業融資編）を改訂し、金融機関と対話を重ねてきたようです。運用面も含めて事業性評価の趣旨に整合していないとも受けとめられていた金融検査マニュアル自体の改訂以前においては、特にその必要性が高かったと思われます。

　融資利息と預金利息との差からなる本業の収益ともいうべき資金利益が減少し、また、全国的に金融機関統合が進むなか、各金融機関は、この金融庁の改革方針に真剣に対応したと推測されます。

（2）金融機関の取組み

　金融庁と対話を重ねて、その方針に対応した結果、各金融機関は、事業性評価に関する部署を設置・拡充し、営業店への支援体制を充実して、人材育成に積極的に取り組むようになりました。

　その一環として、事業性評価に関する要綱を作成し、従来からあるヒヤリング項目シートを修正したほか、新たに事業性評価シートやビジネスモデル俯瞰図を作成するようになってきています。修正ヒヤリング項目シート、事業性評価シート、ビジネスモデル俯瞰図を3点セットとして、これらについての研修会も開催されているようです。

対外的には、ニュースリリース・パンフレット・ホームページなどで自身の事業性評価への取組方針を公表し、事業性評価融資関連商品を出すところもでてきています。

金融機関本部の意向に沿って、営業店における職員は活動することが求められ、営業店内部においても会議などで意思疎通がなされているはずです。金融機関内部において、どの企業に対して行うのか、事業性評価の対象企業の選定方針が打ち出されている金融機関もあるでしょう。対象企業の選定方針が出ているか否かに関わらず、対象企業を選択する作業が必要になります。

次項は金融機関の職員向けの内容となりますが、商工会議所や商工会の職員の方も金融機関の情報に触れることができると思われますので、引き続きお付き合いください。

2. 対象企業の選定方針

(1) 債務者区分からの対象企業の選定

選定作業をするには、自営業店の取引先を分類する必要があり、分類するとなれば、最初に考えられるのが、自己査定している債務者区分に応じた方法です。そこで、債務者区分から選定する方法について、一例を図表で示しました（図表2-1）。

①各分類の類型的特徴

A1は、正常先上位・中位の先であり、いわゆる地域の優良企業です。取引のない金融機関も含めてどの金融機関も取引先としたいような企業ですから、金利などの競争が激化しており、貸したくても借りてもらえないか、資金需要がない、もしくは実質的に無借金経営の企業などです。相応の取引ぶりであれば、選定したい企業ですが、そもそも企業数は限られているでしょう。

図表2-1 債務者区分からの対象企業の選定

債務者区分			経営内容等	選定方針	担当者	優先度
A1	正常先	上位	安全性が抜群	競争が激化	役席・精鋭の職員	△
		中位	安全性が十分			△
A2		下位	安全性がやや不十分	競合が多い	中堅・若手職員	○
B1	要注意先	その他要注意先	リスケ等安全性に懸念	経営改善推進先	中堅・若手職員	◎
B2		要管理先	実質債務超過・延滞先	改善の見込み次第	役席・精鋭の職員	○
C	破綻懸念先		経営難で破綻の恐れあり	再生の見込み次第		▲
D	実質破綻先		深刻な経営難の状態	通常対応困難		―
E	破綻先		経営破綻の状態			―

(優先度は筆者が考える優先度合　◎、○、△、▲の順で優先度が高い)

　A2は、正常先下位の先であり、これも地域の優良企業の範疇に入るものです。競合も多く金利などの競争もそれなりに厳しい状況です。業績の向上に貢献し融資額を増やしたい企業ですが、そもそもの企業数はやや限定される営業店もあるでしょう。

　B1は、要注意先の中でも「その他要注意先」と呼ばれ、地域において特に支援を必要としている企業です。競合はあるでしょうが、経営に何らかの問題を抱えているため、経営改善を推進すれば自店がメインとなりうる企業であり、景気停滞が長く続いてきた現況では地域に数多く存在するはずです。

　B2は、要注意先における「要管理先」であり、経営に問題を抱えており、現状では貸倒引当金計上との関係でも融資対象となりにくい企業です。経営改善の見込み次第で、改善を推進すれば自店がメインとなりうる企業です。

　Cは、破綻懸念先であり、大きな債務超過となっており、原則として現状では融資対象となりえない企業です。外部専門家の力を借りるなどして再生の見込み次第では、対象となりうる企業です。

ＤとＥは、実質破綻先、破綻先であり、そもそも日常での対応が困難な先です。事業性評価の全体像からは、継続困難な企業に該当し、円満な退出支援を考えるべき範疇に入りますので、営業店としては融資対象として考えることはできないはずです。

②どの区分類を中心に選定すべきか
　一営業店あたりの融資取引先は数百先存在する、あるいは千先以上存在する営業店もあるでしょう。一渉外担当者や一融資担当者あたりの取引先は数十先あるいはそれ以上あるでしょう。多くの取引先があると優先順位を付けて選定せざるをえないと思われます。
　債務者区分の中でA2正常先下位とB1その他要注意先の2区分が、取引先数の多い、いわゆるボリュームゾーンである場合が多いと思われます。そのことを前提に、優先順位のつけ方として例えば、取引先にメインと位置づけられている金融機関・営業店の場合、A1正常先上・中位から始めて、A2正常先下位まで選定するか、あるいはB1その他要注意先まで選定するというやり方があるでしょう。
　また、A1を除外し、A2とB1のみ選定するというやり方もありえます。
　このような債務者区分ごとに該当する取引先について全てを対象とするという考え方に対して、A1、A2、B1、B2、Cの中から、個別事情を勘案して選定するという考え方があり、後述する通り、この考え方がお勧めです。

③企業の個別事情を勘案する
　事業性評価をするためには、企業内容をヒヤリングすることのほかに、企業についての資料の提供が必要になります。提供を依頼すると、速やかに正確な資料を提出する企業とそうでない企業があります。経理・財務部門を担当する組織・人員が整っていないような小規模企業でも、代表者などが対応するところとそうではないところがあります。
　自社をきちんと理解してほしいとか、経営改善したいという意欲を強く

もっている企業は、顧問税理士の協力を得るか、代表者などが独力で、ある程度早い時期に間違いの少ない資料を提供するものです。筆者は、経理・財務的能力が高く経営改善意欲の強い経営者のいる企業は、企業の再生・改善がスムーズに進むことを経験しています。

　少なくとも、資料の提出を何度も催促しなければならないような企業は対象外とし、改善意識が高い企業を優先して選定することが効率的であるといえます。

　次に、後継者または後継者らしき人物がいる企業を優先することが考えられます。通常、経営者は自社をよりよい企業にしてから後継させたいと考えますから、経営者の意欲が強い企業と推測されるほか、後継者自身とのコミュニケーションを通じてより将来的に企業を評価することができるからであり、後継者との関係づくりも金融機関として欠かせないものだからです。

④各分類類型にふさわしい担当者属性

　それでは、債務者区分を中心に選定する取引先に対して、どのような担当者がふさわしいのでしょうか。

　A1は、前述の通り、金利などの競争が激化しているうえに、地域の優良企業であり、企業規模がある程度大きく、組織や取引状況が複雑であるといった分類類型であると考えられます。そうすると、目利き能力の比較的高い役席や精鋭の職員が担当するのがふさわしい類型です。

　A2とB1は、A1に見られる事情は薄れているでしょうし、ボリュームゾーンであるため人数が必要となる関係上、中堅・若手の職員が担当すべき類型でしょう。

　B2とCは、延滞先・債務超過先ですから、積極的な取引推進ができない関係上、現状においては、日常的に企業訪問をする担当者がついておらず、必要に応じて役席者などが対応していると推測されます。事業性評価をする場合においては、改善の見込みや再生の見込みを見極めなければならない以上、役席者または精鋭の職員などが担当すべき類型です。

(2) 商工業集積がある地域の対象企業の選定

　債務者区分に応じた分類の次に考えられるのが、商工業集積地に営業拠点を持つ金融機関・営業店の場合の分類方法として、その商工業集積地にある同一・同種の業種・業界にある取引先を優先するという方法です。

　精密機械（部品）製造業、医療機器製造業、電子部品製造業などは、取引の便宜上集積していることが多く、その集積地は日本全国に見られます。

　日本各地にある温泉地も温泉旅館の集積地といえます。

　該当する取引先を対象とし、余力があれば債務者区分から選定した取引先も対象とすることになるでしょう。

　同一・同種の業種・業界では共通点が多く、また、業界内部で取引が行われる場合もあり、ビジネスモデルなどの実態を把握し、比較しやすいことから、事業性評価を効率的に行えるという利点があります。

　もちろん、この方法を採った場合でも、前述の個別事情を勘案してさらに選定することは言うまでもありません。

第2節　企業の全体像を把握するための経営環境分析手法

1. 経営環境分析手法の分類

　事業性評価（狭義）は、前述の通り、企業の実態や成長可能性を把握することです。そのためには企業のビジネス環境を分析する必要があります。企業経営は、自社を取り巻く様々な外部的要因に影響を受けると同時に、自社内部の様々な要因により成長が促進されたり抑制されたりするからです。

　経営学においてビジネス環境を分析し経営戦略を策定するためのフレームワークとして種々の分析手法が提唱されています。

これらは外部環境分析と内部環境分析に区分されます。外部環境はマクロ環境とミクロ環境に分かれます。

　マクロ環境とは、政治・経済・社会・技術といった社会全体の動向であり、自社では制御不可能な環境のことです。

　これに対して、ミクロ環境とは、企業の周辺にあって、ある程度自社でも制御可能な環境をいいます。

　外部環境のうちマクロ環境分析にはPEST分析があります。

　ミクロ環境分析の代表例に3C分析（内部環境も一部含まれます）があります。内部環境分析の代表例にバリューチェーン分析があります。これらを統合するような位置にあるのが、SWOT分析（クロスSWOT分析）です。以下、これらを検討します。

2．押さえておくべき主な経営環境分析の概要

（1）マクロ環境分析（PEST分析）

　マクロ環境分析は、フィリップ・コトラーが提唱したPEST分析として行われます。これは、政治的要因（Politics）、経済的要因（Economics）、社会的要因（Social）、技術的要因（Technology）の頭文字をとって名付けられた造語です。その要点および例示を次に示しました（図表2-2）。

　マクロ環境分析が必要な理由は、マクロ環境は、自社が大きく影響を受けるものであり、かつ、自社の努力では変えられない前提条件であるため、自社がその変化に適応させる以外にはなく、適応させる必要がある市場の「ルール」ともいうべきものだからです。

　そうすると、マクロ環境分析は、自社の事業に関わる外部環境要因の変化を把握して、中長期的なスパンで、変化を機会または脅威として捉え、自社を成長させると同時に、不測の事態に備えることが、その目的であるといえます。

　機会とは、自社経営に好影響となりうる外部環境変化の現象であり、脅威

とは、自社経営に悪影響となりうる外部環境変化の現象です。社会の変化は、予測する必要があり、中長期的な視点で見ることが必要です。一般的な環境を網羅的に見るのではなく、「自社の事業」に関わる環境を分析するものです。

図表 2-2　PEST 分析

目的	自社の事業に関わる外部環境要因の変化を把握して、中長期的なスパンで、変化を機会または脅威として捉え、自社を成長させると同時に、不測の事態に備える。	
政治的要因 (Politics)	法律・条例の規制・緩和等、競争の前提となる市場のルール自体を変化させるもの	
	法律改正	規制強化　規制緩和
	税制改正	消費税引上げ　法人税引下げ
	政治動向	政権交代　デモ　東京オリンピック
	外交	貿易不均衡　TPP
経済的要因 (Economics)	経済成長・景気変動等、企業収益構造や購買力に影響を及ぼすもの	
	経済成長	GNP　GDP
	景気変動	消費動向　賃金動向　失業率　鉱工業生産指数
	物価変動	インフレ　デフレ　物価指数　原油価格
	金利・株価・為替	金利政策　量的緩和　円高　円安
社会的要因 (Social)	生活者の意識やライフスタイルを変化させ需要構造に影響を及ぼすもの	
	人口動態・家族構成	少子高齢化　単身世帯　離婚率　女性の社会進出
	環境・健康	地球温暖化　健康志向　長寿
	教育	教育格差　無償化
	労働	ワークライフバランス　就業形態の多様化
技術的要因 (Technology)	IT・技術開発等、事業の成功要因となって競争ステージを変化させるもの	
	新技術・新製品開発・特許利用	人工知能　自動運転　ロボット　スマートフォン
	IT・インターネット	電子マネー　ネット通販
	医療・生化学	遺伝子　ips 細胞
	インフラ整備	新幹線開業　リニアモーターカー　高速道路の新設・補修

このように、PEST分析は、社会の変化を「機会」と「脅威」に分類するのですが、社会の変化は、ものの見方や考え方によって「機会」にも「脅威」になりえるものです。
　したがって、情報収集によって捉えた変化を分析する際には、単に「機会」と「脅威」に分類するのではなく「脅威を機会に変えることはできないか」あるいは「それらの課題に仮説を立てて、如何なる条件が整えば、脅威を機会に変えられるか」といった、変化を自社に有利に変える視点・思考方法を持つことが肝要です。

(2) 3C分析

　ミクロ環境は、前述の通り、企業の周辺にあって、ある程度自社でも制御可能な環境をいいますが、それを自社が属する市場であると考えて分析する手法が3C分析です。ここでの「市場」とは、経済学的な意味であり、「売り手」と「買い手」とがモノやサービスを貨幣と交換する場所や仕組みをいいます。
　この3Cとは、顧客（Customer）・競合（Competitor）・自社（Company）の頭文字をとったもので、3つのCに沿って、この順で分析します。もっとも、後述の通り、フィードバックする必要があります。

①顧客・市場分析

　顧客分析は、顧客・市場分析ともいわれます。ここでいう「市場」とは、経済学的な意味の「市場」における「売り手」側から見た「買い手」である顧客の集合を意味します。顧客・市場分析は、顧客ニーズの量と質とを将来予測をもって把握することです。一般に市場は、「導入期」→「成長期」→「成熟期」→「衰退期」と変化しますが、この時間軸を念頭において、市場規模、市場の成長性、顧客ニーズとその変化、顧客の消費・購買行動などを分析します。
　市場規模や成長性との対比において、品質・性能・価格・利便性・デザインなどといった顧客のニーズの全部またはどれを充たすのかを見定め、対象

顧客を明確にします。

②競合分析

　顧客・市場が明確になれば、競合もおのずと定まります。競合分析が顧客・市場分析の後に行われるのは、これが理由です。

　競合には、いわゆる同業者であって、同種の商品・サービスを提供する競合（直接競合）のみならず、異業種・異業態であっても、顧客のニーズを満たし同じ価値を持つと考えられる商品・サービスを提供する競合（間接競合）も含まれます。

　間接競合とは、例えば、ラーメン店に対するハンバーガーショップであり、代替品の脅威・競合といわれるものです。もっとも、間接競合を挙げれば、際限がない場合も多く、現実的な取捨選択が必要となります。

　競合分析には、競合各社のシェア、各競合の特徴、特に対抗対象とすべき競合の経営資源、戦略方針、強み・弱みの分析が含まれます。対象とする競合が目指す戦略方針、なかでも如何なるニーズを持つ顧客を対象顧客としているのかを知り、その強み・弱みを探り、自社の対抗方針を定めることが肝要です。

　強みとは、自社経営に役立つ内部環境の特徴をいい、弱みとは、自社経営に支障となる内部環境の特徴をいいます。

③自社分析

　自社分析には、経営資源である、人材・組織・システム、資産・設備、技術・製品開発力、営業・ブランド・訴求力、販売方法・チャネル、サービス・コンテンツ、価格、資金力、企業文化・風土などの現状把握と、競合他社と対比した自社の強み・弱みの分析が含まれます。機会・脅威となる外部環境の変化との関係で、変化への適応力を意識して検討する必要があります。

　競合分析によって得られた競合企業から参考となる部分を取り入たり、逆に競合他社が弱点とする部分や領域に進出する方策などを検討して、対象顧

客との関係で、どうすれば競合他社との差別化を図り、競争優位性を見出せるかを考察します。

このように、3C分析では自社が事業を行うビジネス環境での成功要因を導きだすことを目的とします。自社分析して成功要因を導き出すために、顧客分析と競合分析を行うといってもよいのです。

対象顧客との関係で、競合他社の強み・弱みとを対比するなかで、自社の強みを生かし、弱みを克服する必要があり、顧客・競合・自社分析は繰り返しフィードバックすることになります。これによって、対象顧客を見直すことが必要になることもありえます。

(3) バリューチェーン分析

バリューチェーン（価値連鎖）とは、原材料の調達から製品・サービスが顧客に届くまでの企業活動を一連の価値（Value）の連鎖（Chain）として捉える考え方で、マイケル・E・ポーターによって提唱されたものです（図表2-3）。

図表2-3　バリューチェーン（価値連鎖）

バリューチェーン分析では、企業活動を製造などの主活動と会計などの支援活動とに分けて、どの活動部分でどの程度付加価値が生み出されているかを分析します。

実際のバリューチェーンは、業種・業態や個別の企業によって異なりますので、自社独自のバリューチェーンを見極める必要があります。下記に小売業の一例を示しました（図表2-4）。

図表 2-4　小売業のバリューチェーン例

小売業の場合	商品企画	仕入	店舗運営	集客	販売	アフターサービス

これは、各活動にかかるコストを把握し、コスト削減に役立てることと、各活動部分の付加価値の大小から自社の強み・弱みを把握することが目的です。

(4) SWOT 分析

① SWOT 分析（クロス SWOT 分析）とは

SWOT とは、強み（Strength）、弱み（Weakness）、機会（Opportunity）、脅威（Threat）の頭文字をとったものであり、SWOT 分析は、内部環境である強み・弱みと外部環境である機会・脅威とを組み合わせて分析し、戦略上自社の採るべき方向性を探るものです。

この分析は、抽出した内部環境の2項目と外部環境2項目をクロスさせて、「S×O」、「S×T」、「W×O」、「W×T」となる4項目をさらに抽出して行いますが、そうしてはじめて分析が意義を持つため、クロス SWOT 分析とも呼ばれています（図表2-5）。

図表2-5　SWOT分析(クロスSWOT分析)

		機会O	脅威T
強み S		S×O 強みを生かして機会をつかむ方策	S×T 強みを生かして脅威を機会に変える方策
弱み W		W×O 弱みを補強して機会を利用する方策	W×T 弱みと脅威からの最悪の事態を回避する方策

② VRIO分析

　前述の通り、強みとは自社経営に役立つ内部環境の特徴、弱みとは自社経営に支障となる内部環境の特徴をいいますが、企業の強み・弱みを分析する手法にVRIO分析があります。

　これは、Value(経済価値)、Rarity(希少性、Inimitability(模倣困難性)、Organization(組織)の頭文字をとって名付けられた造語で、企業内部の経営資源に競争優位の源泉を見出す考え方(Resource Based View：資源ベース理論)に立つ、ジェイB.バーニーによって提唱されたものです。

　企業が所有する経営資源が競争優位を確立する能力を持っているかをチェックするフレームワークです。

　経営資源に経済価値、希少性、模倣困難性があり、その資源を活用できる組織体制が整っている場合、競争優位は持続的であるとするものです。これらの組み合わせは次の通りです(図表2-6)。

図表2-6　VRIO分析

経済価値	希少性	模倣困難性	組織体制
No			
Yes	No		No
Yes	No		Yes
Yes	Yes	No	No
Yes	Yes	No	Yes
Yes	Yes	Yes	No
Yes	Yes	Yes	Yes

③ SWOT分析をする際の留意点

　VRIO分析によって、強み・弱みの意味合いや程度が理解できたとしても、同じ事象が強みにも弱みにも採れるということがあり、どちらとすればよいのか迷うことがあります。

　一つには、肯定的な見方か否定的な見方かによるものです。

　例えば、経営者の姿勢・態度が、「自分の意見・やり方を変えない」といった場合に、これを肯定的に見れば、「初志貫徹」あるいは「ぶれない」として強みともなりえますが、否定的に見れば、「頑固」あるいは「他人の意見を聞かない」として弱みともなりえます。

　また、3C分析の自社分析でも述べた通り、自社の「強み」は、競合他社との対比の中での対象顧客にとっての「強み」であり、競合の状況と顧客により異なってきます。

　例えば、最新技術で作られた多機能携帯であっても多機能に価値を見出さず、競合の打ち出す単機能・低価格に価値を見出す顧客にとっては「無用の長物」にしかすぎません。

　売るべき商品・サービスや販売方法、対象顧客、競合が一応決まる、すなわち、仮説として戦略の方向性がある程度決まった段階で議論・分析すべきものです。

機会・脅威も、強み・弱みと同様に相対的です。将来的な変化の予測を楽観的に捉えれば機会といえても、悲観的に捉えれば脅威と考えることもできる場合があります。

　強み・弱み、あるいは機会・脅威に区別することが困難な場合には、場合分けして書き分けるか、区別をしないで内部環境・外部環境の中間に欄を設け、前者は事実の特徴として、後者は外部の社会・自然現象とすることも一つの方法です。

第3節　面談訪問前の準備

1．面談前に必要な3つの準備作業

　第1章第2節の「事業性評価の本質」において、「事業性評価は事業への関心と対話から始まり、―――」と述べました。

　事業性評価を行うべき企業に優先順位をつけて選定した後、その対話のために選定企業を訪問することになりますが、経験豊かな役席者の方などは別として、経営者との会話に苦手意識を持っているような若手の金融機関等の職員などは、個別の事業に関心を持ったとしても、なかなか会話のきっかけがつかめないというのが実情です。

　では、面談訪問前の段階でどのような準備をどの程度行えばよいのでしょうか。以下の3つの作業をすることをお勧めします。

　①企業（会社）概要を閲覧する
　②業種別審査事典を閲読する
　③連続要約比較財務諸表を作成する

通常、①と②を合わせて1時間弱、③については、エクセルなどで最初に図表枠組み（雛形）を作成するのに1時間弱かかりますが、データは10期程度であれば1時間強で入力できます。

したがって、3つ全ての所用時間は、雛形を作成する初回は3時間弱かかりますが、2回目以降は2時間程度で済むはずです。

（1）企業概要の閲覧

訪問企業のホームページ・会社案内などで企業概要や、過去の稟議書などのファイルにある企業概況を閲覧します。小規模企業などで資料内容が十分ではない場合には、先輩職員に聞いてみるのもよいでしょう。

ここでは、業種を特定し、営業年数、企業規模、人員・事業所構成の概略を把握することがポイントです。また、企業概要の表現内容・方法の良否を判断しておくことも重要です。「何を売っている・どのようなサービスをしている企業か」などが一目で分かるかどうかということです。

（2）業種別審査事典（株式会社きんざい）の閲読

ご存知の通り、「株式会社きんざい」が発行している業種別審査事典では、当該業種・業界の内容・特性・動向などの経営環境や平均の経営指標が記載されています。当該企業にぴったり当てはまる業種がない場合、近接すると考えられる2〜3業種を閲読します。経営指標については、日本政策金融公庫の「小企業の経営指標調査」も参考になります。

これにより、当該企業の外部環境をある程度把握することができます。経営指標については10以上掲載されていますが、そのなかで、いずれの企業にも共通して重要なのは、売上総利益率です。次に重要なのは自己資本比率です。

業種・業態により、あるいは生産性や資金効率を意識すべき場合には、1人当りの売上高・人件費、総資本・売上債権・棚卸資産回転率がポイントとなります。

(3) 連続比較要約財務諸表の作成

　企業から提出された決算書や各金融機関の営業店が保管する「企業概況調べ」などに記載された3期連続の財務調査表などを基に図表2-7に例示したような数期連続の比較要約財務諸表を作成します。

　例示では紙面の都合で6期としていますが、筆者の場合、通常10期程度としますが、十数期に及ぶこともあります。

　金融機関の職員の方が作成する場合には、多忙な業務の中での作成となるため、3期連続の財務調査表からの転記の関係上、9期連続での作成がお勧めです。

　作成上のポイントは次の通りです。
　①売上原価・一般管理費のうち多額の費目を区別して掲載する
　②直近の決算期（決算期欄の右端）から記入を始める
　③営業外利益・費用、特別損益等が多額のものは備考欄に特掲する
　④時系列的変化と業界の平均経営指標との乖離に着目する

①多額の費目を区別して掲載する

　図表2-7に例示した財務諸表は筆者が実際に事業性評価を行った金属製品製造業のものです。

　まず、売上原価欄においては、製造業の売上原価の主な構成要素である材料費、労務費、外注費、経費（うち減価償却費）のすべてを記載しています。

　しかし、例えば比較的多額である労務費や外注費のみ記入してもよいでしょう。ちなみに対売上比率はそれらのみ記載しています。

　次に、一般管理費欄においては、人件費とその他販管費を区別して、それぞれのなかで比較的多額な費目を記載します。

　人件費は通常どの企業でも構成比が高いため区別するのですが、なかでも、役員報酬と従業員の給与などを決算書上区別できれば、書き分けます。例示では、当初決算書上区別がなく、役員報酬欄はブランクとしたものです。

　その他販管費では、キャッシュフローとの関係上、減価償却費は必須です。

図表 2-7 ○○期連続比較要約財務諸表

比較 PL		年度							業界平均
売上高		売上高	631,114	517,211	523,264	539,837	575,686	471,699	
		外注費/売上	26.7%	27.3%	31.1%	31.7%	34.2%	24.0%	
		労務費/売上	19.8%	21.7%	20.6%	19.2%	18.0%	22.9%	
売上原価		売上原価	472,408	417,357	430,817	439,945	484,417	391,508	
		(材料費)	95,645	91,603	84,536	93,034	121,192	94,874	
		(労務費)	124,903	112,410	107,763	103,805	103,667	107,863	
		(外注費)	168,292	141,442	162,727	170,985	196,765	113,229	
		(経費)	38,851	37,037	39,821	48,412	49,971	41,412	
		(減価償却費)	38,465	38,149	39,483	27,296	25,706	21,789	
		(仕掛品増減)	5,650	804	-1,487	-6,072	-1,749	10,074	
		(製品増減)	602	-4,088	-2,026	2,485	-11,135	2,267	
売上総利益			158,706	99,854	92,447	99,892	91,269	80,191	
売上高総利益率			25.1%	19.3%	17.7%	18.5%	15.9%	17.0%	
販管費	人件費	役員報酬							
		給与・賞与	83,917	80,446	77,511	74,090	76,884	66,894	
		人件費/売上	13.3%	15.6%	14.8%	13.7%	13.4%	14.2%	
	その他販管費	減価償却費	0	0	0	0	0	0	
		その他	50,823	46,696	43,948	41,755	42,388	36,610	
	販管費合計		134,740	127,142	121,459	115,845	119,272	103,504	
営業利益			23,966	-27,288	-29,012	-15,953	-28,003	-23,313	
売上高営業利益率			3.8%	-5.3%	-5.5%	-3.0%	-4.9%	-4.9%	
	営業外収益		9,412	197,753	10,560	12,595	38,192	8,323	
	営業外費用		10,344	10,786	10,608	10,118	8,375	8,379	
経常利益			23,034	159,679	-29,060	-13,476	1,814	-23,369	
売上高経常利益率			3.6%	30.9%	-5.6%	-2.5%	0.3%	-5.0%	
	特別利益		1,250	1,100	1,000	1,000	1,200	13,247	
	特別損失		239	21,386	131,780	0	702	5,916	
税引前当期純利益			24,045	139,393	-159,840	-12,476	2,312	-16,038	
	法人税等		10,816	389	0	0	389	389	
税引後当期純利益			13,229	139,004	-159,840	-12,476	1,923	-16,427	
備考									

比較 BS							
流動資産	329,597	547,219	347,787	360,404	361,426	278,708	
固定資産	612,345	743,037	611,112	593,092	585,890	564,789	
資産計	941,942	1,290,256	958,899	953,496	947,316	843,497	
流動負債	214,330	343,296	106,152	151,231	141,130	96,949	
固定負債	335,126	415,470	481,098	443,092	445,090	401,880	
(うち長期借入金)	335,126	415,470	481,098	443,092	445,090	401,880	
引当金	168,888	168,888	168,888	168,888	168,888	168,888	
純資産	223,598	362,602	202,761	190,285	192,208	175,780	
自己資本比率	23.7%	28.1%	21.1%	20.0%	20.3%	20.8%	
負債・純資産計	941,942	1,290,256	958,899	953,496	947,316	843,497	
	0	0	0	0	0	0	

　もっとも、例示では減価償却費を販管費とすべきものと区別せずに、すべて売上原価に計上しているため、ゼロ記入となっています。また、他に多額

の費目があれば記載します。

　比較BS欄においては、例示では固定負債のうち長期借入金のみを特掲していますが、棚卸資産が多額である場合、それを特掲することもあります。

②直近の決算期から始める

　比較的多額の費目を他と区別して記載すると述べましたが、多額かどうかの区別の判断時期は、現状把握という事業性評価の意義上当然現時点です。それゆえ、直近の決算期から始め、遡って記入していきます。

③多額の営業外利益・費用、特別損益等の特掲

　営業外利益・費用の主なものは、受取利息と雑収入、支払利息です。雑収入には、保険金の受取額や解約金が含まれている場合があります。

　特別損益には、固定資産の売却・除却などに起因するものや過年度修正分が含まれている場合があります。

　これらには事業性評価に影響するものがあるため特掲します。

④時系列的変化と業界の平均経営指標との乖離に着目

　10期程度の記載が一応終了した段階で、時系列的に変化している箇所に着目します。

　例えば、ある決算期から、売上高が減少している、売上総利益率が漸減している、借入金が増えたことにより自己資本比率が漸減している、対売上人件費率が漸増しているなどです。

　こういった変化し始めた箇所を、ここでは変異点と呼びます。この変異点に着色して注意を促します。エクセルなどのグラフ化機能を使って、例えば、売上高、売上総利益高・率の推移を、相互の関連で示すことも変異とその相関を認識しやすくなる方法としてよいでしょう。

　また、業界平均の欄に、平均経営指標を記入します。この業界平均から乖離した経営指標の箇所を、ここでは特異点と呼び、着色して注意を促します。

重要な経営指標については上述しましたが、必ずしも全ての利益率を記入する必要はありません。例えば、平均より各種経営指標が悪い企業は、支払利息額が過大であるといった場合などは別ですが、売上高、売上原価や一般管理費に悪化原因があったからこそ、売上総利益率や営業利益率が悪化しているわけです。

　したがって、経常利益（損失）以下は、当然の計算結果が出ているにすぎず、あまり意味がないからです。当該企業が経常以下で損失を計上している場合は特にそうです。

　むしろ、窮境原因がトップライン近辺にあることを示し、それを重視するために敢えて記入しないとする考え方もあります。

　ここで、注意すべきことは、区別すべき費目を売上原価と一般管理費とに区別していない場合の問題です。上述の通り、例示でも決算書上減価償却費を区別せずにすべて売上原価に計上してありました。

　売上原価の労務費と一般管理費の給与・手当の関係でも、すべて一般管理費に計上する例や逆の例があります。法定福利費も同様な例があります。

　その理由としては、中小企業では一人何役もこなす場合があって区別するのが困難であるということが考えられるほか、創業・設立当初において、ほぼ全てがどちらか一方に属していて区別する煩雑さからそうしていたところが、状況が変化してもなお踏襲しているにすぎないといったことが考えられます。

　このような会計上の問題を考慮しないで、単に平均と乖離しているとしても意味がないどころか、かえって評価に有害です。

　直近の決算書をただ眺めているだけでは、業績の良し悪しは把握できても評価上、先の展望はありません。しかし、ここまで述べてきたことを実施すれば変異点・特異点が明確になって疑問に思う箇所が出て問題部分が一部でも見えてきます。

2. 経営者の関心事「売上」を理解するための予備知識

　企業経営は利益を挙げるために行われるのは当然ですが、一定の売上総利益率を維持しながら売上が増加すれば、通常、利益は付いてくるはずです。

　そのため、経営者の一次的な関心事は、一定の売上総利益率を維持することを前提に、利益というより、むしろ「売上」アップにあります。例えば、良し悪しは別として、年間目標を掲げる場合、「利益目標○○」ではなく、「売上目標○○」となることが多いことからも分かってもらえると思います。

　地域の中小企業経営者は、売上アップを目標にして、販路の拡大、商品開発の方法、ITの活用、人材の確保など、経営上多くの問題を抱えて、その具体的な解決策に悩んでいます。

　第1章第2節の「事業性評価の本質」において、問題解決策の重点項目のなかには、情報共有と議論からの企業経営者の「気づき」によるものも多い、といった趣旨のことを述べました。この「気づき」には、上述の具体的な解決策に関するものが含まれます。情報共有の手始めが連続比較要約財務諸表の作成を代表とする3つの準備作業です。

　そうすると、どのような情報共有と議論を対話によって行うのかが次の問題となりますが、これについては第3章で検討します。

　前述の3つの準備作業、すなわち企業概要と外部環境をある程度把握して連続比較要約財務諸表を作成すると、財務面から把握できるものがその中心であり、一部かもしれませんが、問題点・疑問点が見えてきます。一定の予備知識を身に着けたうえで、問題点・疑問点に意識を向けると、何が経営上の問題であるのか、どのような経営課題を設定すべきかなどに関して少なくとも方向性が推測できるようになるはずです。

　一定の予備知識とは、経営者の関心事である「売上」に対応し、ヒントを与えるために、「売上」の構造を整理し営業活動を明らかにするものです。

(1) 営業（売上）活動とは

　企業が売上を作ろうとする行為を営業（売上）活動と呼ぶとすれば、営業活動を「売上」の構造として捉え、要素を整理しました。

　「売上」の構造は、
　①誰に（「顧客」）対して
　②「競合」を意識しつつ
　③自社の経営資源の（弱点を補強しつつ）「強み」を生かして
　④売るべき自社の商品・サービス（「売りもの」）を
　⑤どういう組織体制でどの様に売るか（「売りかた」）

という5つの要素から成り、営業活動は、この5要素を考察し、売る仕組みを作り、実行するものであると筆者は考えています。

　すなわち、営業（売上）活動とは、①「顧客」②「競合」③「強み」④「売りもの」⑤「売りかた」である「売上構造の5要素」を整合的に取り扱う、すなわち、①「顧客」に対して②「競合」を意識しつつ③「強み」を生かして④「売りもの」と⑤「売りかた」で対応することです。

　これは経営環境分析のフレームワークの一つである3C分析そのもの、あるいは、3C分析のうちの「自社」を「強み」「売りもの」「売りかた」の3要素から分析したものといってもよいものです。

　これら5要素のうち、「競合」については3C分析で検討し、「強み」についてはSWOT分析やVRIO分析で検討しました。しかし、「顧客」については、3C分析での説明では不十分であり、以下では、「売りもの」「売りかた」に関連して「顧客」について知っておくべき概念について説明します。

(2) 売るべき「顧客」は誰かを見極める
①顧客を市場として括る

　売上活動をする企業は、まず誰を「顧客」として考えるのかを検討します。
　「顧客」は、「売りもの」の販売客体で、自社商品・サービスを買う人々ですから、現象的には「顧客」が求めるのは自社商品・サービスです。

しかし、「顧客」が商品・サービスを買うには買うべき理由があります。買った商品を使用しサービスを享受することによって顧客の何らかのニーズが満たされる、すなわち自社の「売りもの」に顧客にとっての価値・便益があるからです。

　人によって価値・便益は異なりますが、同じこともありえます。似たような価値・便益にニーズを持つ人々を一つのグループで括ること（セグメンテーション）ができます。すなわち、セグメンテーションとは、「人々をニーズ毎に区別して、同じニーズの人達を一つのグループとして分けて考えること」です。

　こうしてできたグループが「売り手」側から見た「買い手」である顧客の集合を意味する、「市場」と呼ばれるものです。

　ニーズを徹底的に違うものとして細かく扱えば狭い市場を思い描くことになり、共通点があるとして限りなく同じように扱えば広い市場を思い描くことができます。ここでの「市場」は観念的なものですから、自由に思い描けばよいのです。

②売るべき市場を絞り込む

　次に、思い描いた市場のうちどの市場に打って出るかを考えます。「市場に優先順位をつけ、特定の市場を優先的に狙う」こと、すなわちターゲティングです。

　広狭自由に思い描ける市場ではありますが、経営資源の少ない中小企業にとっては、ニーズを細かく捉える、つまり市場をある程度細分化した後、特定したターゲット市場に絞り込むことが望ましいと考えられています。

　例えば、広くスポーツ用品市場と捉えるよりも野球用品市場、さらには少年野球用品市場というようにターゲットを絞り込んだ方が「売りもの」の特徴を際立たせ、狙う顧客のニーズに応えやすくなるのです。

　以上のことを簡単に言えば、出る市場と捨てる市場とに市場を選別する、それも多くの市場を捨てる選択をするということになるはずです。

③売るべき市場の特定の仕方

　では、優先的に狙う市場をどのように決めるのでしょうか。

　前述の通り、競合他社ではなく自社の「売りもの」を買う理由は、顧客が求める価値・便益が競合にはなく自社にあるからでした。

　この競合との違いを明確に位置付けることをポジショニングといいますが、どの市場でこのポジショニングが採れるかを検討し、それができる市場が選択すべき市場となります。

　すなわち、狙うべき市場は、自社にある顧客が求める価値・便益を生かせる市場であり、「売りもの」「売りかた」を含めた自社の経営資源の「強み」を活用できる市場です。

(3) 商品コンセプトの確立と「売りかた」の工夫
①商品コンセプトを確立する

　自社が持つ顧客のニーズを満たす顧客の価値・便益を顧客に明快に思い起こさせるもの、「売りもの」に抱く顧客のイメージを（商品）コンセプトといいます。これを「強み」との関係で整理すると、自社の「強み」を生かした他社と違うポジショニングを持つ「売りもの」に反応を示すターゲット顧客に対して、抱いてもらうイメージがコンセプトです。

　顧客ニーズの把握が進むと、顧客が求める詳細なニーズに自社の「売りもの」が対応する部分とそうでない部分があることが分かってきます。対応しない部分とは、顧客が求めるニーズ以上の過剰な要素が含まれていたり、逆に足りない要素があるという場合ですが、これを調整するため過剰な要素を取り除き、足りない要素を付加して、ターゲット顧客が受け入れやすくしてコンセプトを確立していきます。

②「売りもの」を知ってもらう「売りかた」

　「売りもの」のコンセプトが確立すると「売りもの」を顧客に知ってもらうために「売りかた」を工夫する必要があります。「売りかた」には経営資

源である営業組織・システムや販売方法・チャネル、サービスなどが含まれます。

　技術力に自信のある製造業者は技術や製造を重視するあまり、「売りかた」に精力を注がない傾向が見受けられます。しかし、「売りかた」は「売りもの」の製造と同様に重要なことです。

　ここでの顧客は、BtoBの場合は企業であり、BtoCの場合は一般消費者であり、BtoBtoCの場合は流通業者および一般消費者です。

　顧客に知ってもらうための「売りかた」として、「売りもの」に名前を付けたり（ネーミング）、「売りもの」にメッセージを添えることが効果的です。メッセージはコンセプトやポジショニングと同様、自社の「強み」を含ませた端的な言葉で表現するものであり、ネーミングもそうあることが望ましいと思います。「試作品特急○○時間」「ふわとろ親子丼」などがネーミングの例です。

3. 経営問題・課題に仮説を準備する

(1) 経営問題の解決過程

　経営上の問題（経営問題）を解消するためには、入手した情報により得た問題点から経営問題を把握し、経営問題を経営課題として抽出・設定し、経営課題の実行策を導くことが必要です。当然、経営課題・実行策（問題解決策）は当該企業において実現可能なものでなければなりません。このような一連の過程において、仮説を立てその検証を繰り返して結論を出す方法が効率的です。

①仮説とは

　ここでの「仮説」とは、「ある現象を合理的に説明するために仮に立てる説」というような科学的な仮説ではなく、「問題の原因や事業の将来性に対する仮の解答」であり、問題の原因などを究明・推定するための作業上の仮説を

意味します。「その仮の解答」も「多分こうだろう」といった類の解答です。
　仮説という以上、検証を必要としますが、実験などによって検証し真理となる定説を導く前者とは違います。原因究明などは実験することに適さず、せいぜい観察することしかできないものです。
　したがって、検証の精度はあまり問われることがなく、多くの人が「やはりそうだろう」と納得する程度でよいのです。
　検証は、特に中小企業では企業特有の情報を得ることは困難な場合が多いため、最大の情報を持っている面談相手に質問をし、対話をするなかで得た事実に基づき行うことが効率的です。
　面談前の準備段階では、面談相手に提示するものではなく、事業経営の「ある部分」といった粗い見当づけでよく、対話を進めていくなかで、少しずつ的を絞っていけばよいのです。
　また、仮説であるため、検証の途中で当らないと判断すれば捨てられ、別の新しい仮説を立てるということを繰り返すこともあります。
　仮説を立てる目的は、面談の効率性を上げるために、ある程度議論・質問の方向性をつけるためであり、かつ面談相手の信頼を獲得することにあります。もっとも、後者の目的は、対話を進めていくなかで、ある程度確信を持った段階で、仮説を提示することによって達成されます。

②経営問題・課題等とは

　「問題」とは、「現状のネガティブな事象」であり、「経営問題」とは、「現状があるべき姿となっていない事実の原因」を意味します。
　「課題」とは「原因を解消するためのポジティブな題目（テーマ）」をいい、「解決策」とは「原因を解消する具体的な取組み」のことです。

（2）仮説の立て方

　準備段階では、前述の3つの作業から得た、外部環境の変化の判断、連続比較要約財務諸表の時系列の変化あるいは業界平均との乖離に基づいて、自

己の経営知識や経験などを駆使して、仮説を立てることになります。

事業性評価のポイントの1つは企業の実態把握です。それは企業が「売上」を作ろうとする行為である営業活動を把握することです。

したがって、「売上」の構造を整理し営業活動を明らかにするための「売上構造の5要素」を意識することが必要であり有効です。すなわち、①「顧客」②「競合」③「強み」④「売りもの」⑤「売りかた」を把握しようとする視点を持つことです。「売りかた」には組織体制が含まれます。

問題原因については、究明するという性質上特にそうあるべきです。課題や解決策については、自身が当社の経営者であったらどう対処するかという視点をもつことも必要です。

以下、仮説構築の一般的な方法を述べます。

①経営問題

例えば、「売上の減少」や「利益の減少」は、それはそれで経営的にはもちろん問題ですが、筆者はここでの「経営問題」とはいえないと考えています。

それらは、「現状のネガティブな事実」ではあっても、そこに至るまでに何らかの原因があるのに、原因が全く絞り込めておらず、あまりにも漠然としており、かつ分かり切ったことだからです。「問い」の解答を「問い」で返しているにすぎません。

問題となっている事象には原因があり、その原因たる事象には、さらに原因があるといった場合もあり、本質的・根本的な原因究明が必要です。

原因究明を見誤ると課題や解決策は意味をなさないどころか、かえって有害です。本書では解決策は経営者の「気づき」によって導かれることを主に考えていますので、原因究明は特に重要な要素となります。

もっとも、準備段階では、必ずしも本質的・根本的な原因までの仮説を立てる必要はありません。例えば、売上減少の原因として「客数の減少」でもいいのです。ある程度原因を絞り込んでおり、議論の方向性が出ているからです。仮説というより議論の「方向付け」と呼んだ方がよいのかもしれません。

②経営課題

　経営課題は、本来、経営問題の把握が確定できた後に抽出・設定される筋合いのものですが、仮説を立てる目的からすれば、当然準備段階で立てておくべきものです。

　連続比較要約財務諸表において、何年間分の時系列で売上高が減少傾向にあって売上総利益率がほぼ不変である場合を考えます。

　一つには、業種別審査事典から、当該業界が常時新規顧客を獲得する必要がある業種であると判断し、客数の減少と捉えて、新規顧客の獲得不足に原因があり、課題は「新規顧客の獲得」ではとの仮説を立てることが考えられます。

　また、客数の減少をリピーター客の減少と捉えて、顧客ニーズの変化による顧客満足度の減少に原因があり、課題は「顧客ニーズに適合した品揃え」ではとの仮説を立てることも考えられます。

　さらに、業種別審査事典から、当該業界が競争激化にある業種であると判断し、問題は一品単価の下落と捉えて、課題は「客単価の向上」ではとの仮説を立てることもありえます。

　もっとも、ここまで課題を絞らず、顧客の維持・獲得に問題があり、その改善が課題ではとの仮説でも十分です。大きな範疇で仮説を立てて徐々に的を絞っていくやり方です。また、複数の仮説を立てて、捨てながら的を絞っていくやり方でも結構です。

　経営課題が十分具体的であれば、解決策といってもいい場合もあります。

　また、一つの経営問題から複数の課題を出すことが必要な場合もあります。

　経営問題について本質的・根本的に原因が究明・把握されたものであれば、経営問題である「○○の減少」などといったネガティブな事象の表現を単に裏返しして、「○○の向上」などといったポジティブな行動表現に変えることで課題が設定できることがあります。

　しかし、「店舗面積が小さい」といった問題に対して、それを裏返して「店舗面積拡大の必要性」といった課題を設定したとしても、現状変更が物理的

に困難で建替え・移転などのためのコストが大きすぎて現実的な解決策に繋がらない場合もあります。

逆に問題の原因が十分究明されていない場合は注意が必要です。

例えば、準備段階では、売上減少の原因として「客数の減少」でもよく、課題は「新規顧客の獲得」でもいいと前述しましたが、それはある程度絞り込まれているけれども、準備段階であって問題の本質的・根本的な原因にまでは至っていないと自覚しているからです。

もし、無自覚であったならば、根本原因は顧客の嗜好変化に対する情報・勉強不足であって、それ故に品揃えの悪化を招き、結果として顧客満足度が減少したという事実に対して、そう捉えずに、問題を「客数の減少」と捉えて、短絡的に課題は「客を呼ぶこと」であるとし、解決策は「ダイレクトメールを打つ」ことであるといった的外れなものになったかもしれません。

原因究明を見誤ると課題や解決策は意味をなさないどころか、かえって有害ですと前述したのはこのような意味合いからです。

③解決策

事業性を評価する専門家は、経営問題から一気に解決策について仮説を立ててしまうことも少なからずあります。それは、前述した経営課題が十分具体的である場合以外に、業種により、あるいは業種が違っても、似たような問題を抱えている企業があり、経営課題や解決策も共通する部分があるからです。

もっとも、解決の方向性は同じでも、企業特有の個別事情を加味する必要があるため、やはり具体的な解決策までは一致せず、異なる部分もあります。

解決策は、本書では経営者の「気づき」によって導き出されることを念頭に置いていますが、読者の方もこの本を読み終えて少し事業性評価を実践すれば、同じように立てられることもあると思います。

第 3 章

事業性評価の具体的進め方

第1節　経営者との信頼関係構築に必要な対話方法

1．対話時に役立つ心構えと質問法

(1) 金融機関の場合は貸手と借手の関係

　第1章第2節で、事業性評価の本質について、「信頼関係の醸成による相互理解に尽きる」と述べました。しかし、事業性評価の開始時点でこのような関係性が構築されていることはないかもしれません。事業性評価をする過程で関係性が強化・構築されていくことが目標です。

　金融機関の場合ですが、訪問する企業が融資取引先であれば、金融機関とは貸手と借手の関係となります。現時点で借手企業の経営者は「金融機関は雨の日に傘を貸さない」と考えていますから、金融機関の態度の豹変を恐れています。経営者は、表面上はともかく、本音では金融機関を信用していません。

　したがって、金融機関の職員が現状を把握するために、あるいは経営問題を解決するために、問題原因を究明しようとして経営者に質問をしても、真実を明かさない場合がありえます。

　この傾向が強くなるのが、債務者区分でいえば、経営に何らかの問題を抱えている「その他要注意先」以下の企業です。第2章第1節「対象企業の選定」で述べた通り、「その他要注意先」は、おそらくボリュームゾーンの最大の一つであるため、対象企業となることが多くなると思われます。

　もう一つのボリュームゾーンである「正常先下位」の企業でも、やはり何らかの問題を抱えています。程度の差に過ぎません。

　事業性評価は企業を精神的に裸にしてしまうことでもあります。決算の粉飾とまではいかなくても、企業にとって、恥ずかしい、見られたくない、知られたくないことは、すんなりとは語ってくれないと考えるべきです。

しかし、この状況を助けてくれるものが経営者の「気づき」という便益やそれに至る過程での期待感であり、それをもたらす評価側の面談時にふさわしい姿勢・態度での仮説・検証を伴う対話の展開です。

　本書では、上述したボリュームゾーンであり、程度の差はあれ何らかの問題を抱えていて経営改善すべき企業を念頭に話を進めていきます。

(2) 対話時の姿勢・態度
①丁寧な言葉

　「経営改善」は経営者自身が自主的に行うトップダウンの問題解決手法であり、ちなみに、海外でも広く普及している「カイゼン（Kaizen）」は従業員が自主的に行うボトムアップでの問題解決手法です。ともに経営を改善するという行為であり、その主体が自主的に行うのが原則です。

　しかし、本書の事業性評価でのそれは経営者自身が行うという意味で、トップダウンの問題解決手法といえますが、通常のそれとは違い、自主的かどうか疑問です。

　というのは、事業性評価に入る前に、事業性評価について一応の説明を受けて応諾していたとしても、「事業性評価」というものの意味を正しく理解していない可能性もあると思われますから、事業性評価を行う際の対話の始まりの段階では、意味を再確認することが必要です。

　また、経営者は、自社の問題点の調査、悪く言えば「あら探し」ではないかと警戒しつつも、金融機関等からの申し出であるから、しぶしぶ応じたというケースもあると思われます。このように、経営者は、「あら探し」を警戒し、前述の通り、金融機関の場合には企業は借手の立場にあって借りられなくなることを恐れていることを肝に銘じて会話に臨む必要があります。

　したがって、口調・言葉遣いなどの物腰には十分気を遣う必要があります。問題原因を究明する関係上、詰問調になって、上から目線と捉えられることはもちろん、丁寧すぎて敢えて下手に出ながら探りを入れているというような感触を与えてしまうようなことのないよう注意すべきです。

面談相手の眼から口元までの間を見据えて、相手の話に相槌を打ちながら聞き、丁寧な言葉で受け答えするということになります。

② 3点セットはアンケート

ヒヤリング項目シート、事業性評価シート、ビジネスモデル俯瞰図という、いわゆる3点セットを用意し、これに記入させて事業性評価として報告を義務づけている金融機関等も多いと思います。これらに記載されている事項を順番に質問してシートを埋めていくといったケースが散見されると聞いていますが、やってはいけないことです。

これらの記入用紙に記載されている事項は、業種・業態・企業規模・経営者の属性などの違いをほとんど区別せずに一律的なものとなっているはずです。

それなのに、違いを考慮せずに項目を順番に質問すると、質問される相手方は、型にはまった事務的なアンケートとして感じます。アンケート質問をされると「会話」とはならず、相手方にとって、興味が持てず、大変迷惑となります。

質問する方は、項目を全部埋めるために、メモを取ることに集中しメモを取ることが目的化して、真に聞きたいことが聴けないという状況になります。

3点セットでの報告が義務づけられている金融機関等の職員の方であっても、それについては一旦忘れてください。この問題は後で簡単に解決します。

③ メモは必要最低限

では、会話中のメモの取り方はどうあるべきでしょうか。

メモは必要最低限度に取るべきであると筆者は考えています。キーワードや複雑な数字など忘れてはならない部分のみメモするということです。そのような重要な部分をメモすることは、面談相手は真剣に人の話を聴こうとしていると受け取るはずです。

逆に、ほとんど最初から最後までメモを取っていると、面談相手はどう感

じるでしょうか。読者のみなさんは、一言一句正確に報道すべき職業である報道機関の職員でも、速記者でもないはずです。面談相手は、前述の「あら探し」をされているのではと警戒をするか、または、人の話を理解して聴いているのかと疑問を持つことも多いと思います。

面談相手を見て、その表情や物腰から言葉のニュアンスも含めて、真意をくみ取らなければならないのに、メモを取ることに集中すれば、それができません。

質問者の能力のなさを見せつけることになってしまいます。

(3) 質問の仕方
①二つの質問形式の活用

前述の「カイゼン（Kaizen）」は、トヨタ生産方式として海外にまで普及したものですが、「5回のなぜ」で有名です。経営者への質問にもこれが当てはまるのでしょうか。

「なぜ」のように、どのようにでも答えられる質問のことを「自由型質問（Open question）」といい、「Yes No」でしか答えられない質問のことを「選択型質問（closed question）」といいます。

これら二つの質問形式については、活用法があり効果の違いを認識するとよいと思います。会話の初期の段階で、質問相手に幅広く答えてもらう、あるいは会話をはずませようとするときは、自由型質問を行い自由に答えてもらいます。会話のクロージングに近づいた段階で、暗に質問相手に決断を促すとき、自身が聞いた内容を確認するときは、選択型質問を行って選択肢を絞り込むということになります。

本書でも、この活用法に基づいて使い分けるのが原則です。

しかし、自由型質問を5回も連続されると質問相手はどう感じるでしょう。選択型質問でも同様で、同じ質問形式を多用されると、質問相手は詰問されていると感じるはずです。「カイゼン（Kaizen）」の場合に「5回のなぜ」を連続するのは、自問自答ですから、問題はないのです、

②信頼を得るための質問法

　自由型質問を多く連続すべきでない理由にはもう一つあります。仮説を立てる目的にあります。仮説を立てる目的は、議論の方向性づけと仮説を提示することによる面談相手の信頼獲得にあります。

　準備段階での仮説は、粗い見当づけでよく、対話を進めていくなかで、少しずつ的を絞っていけばよいと述べました。対話を始めて、自由型質問を3、4回すると、準備段階での仮説は的を絞られて、粗い見当づけも仮説と呼ぶにふさわしいものになってきます。

　仮説が絞られたとある程度確信した時に、あるいは別の仮説が浮かんできた時に、「その理由は○○ですか」と選択型質問をして議論を方向付けます。

　これについて経営者から否定されてもいいのです。おそらく、当たらずといえども遠からず、といえるものになっているでしょうから、的外れなものではなく、経営者は、少し違うなどと言って、別の答えを出してくれるかもしれません。このやりとりは議論を促進させる効果をもっているはずです。仮説を軌道修正していくことができます。

　また、一旦否定した経営者が思い直すことも充分ありえます。経営者は経営問題原因やそこに至るまでの種々の問題について違った考えを持っていることも多く、それも理由の一つかもしれないと気づいてくれればいいのです。

　さらに、仮説が経営者の考えと一致する、あるいは近いものであれば、質問者に一目置くことでしょう。

　これらやりとりの積み重ねで信頼を得ることになるはずです。

③信頼を得るための質問の聴き方

　質問に関して、もう一つ信頼を得る方法があります。相手の話に相槌を打ちながら聞き、丁寧な言葉で受け答えをすると、上述しました。相槌の打ち方には、ただ単に頷くことだけではなく、相手の話に合わせて言葉を挿むこともあります。

　言葉をはさむ方法として、オウム返しをすることも一つの方法ですが、そ

れ以外に、「要約」、「簡易化」、「要点化」、「明確化」、「普遍化」「抽象化」など、相手の話をしっかり聴きニュアンスを汲み取り、整理して概念化することをお勧めします。相手の話の途中で、話を遮ることがなく進展させることが目的ですから、短い言葉になります。

　ここで、これらの例を示します。
　・「要約」は、「一言で言えば、○○ですね」。
　・「簡易化」は、「わかりやすく言えば、○○ですね」。
　・「要点化」は、「○○と□□の２つがポイントですね」。
　・「明確化」は、「××ではなく、○○ですね」。
　・「普遍化」は、「どちらも○○ですね」。
　・「抽象化」は、「○○性ということですね」。

　これら概念化は、決して自己の経験知の中を探して、その引出しから発信するのではなく、単純に相手の話の内容を俯瞰するように整理することです。相手の「気づき」を促進することが目的の一つでもあります。

　これらは、あくまで相手の話の途中でのことであって、相槌の段階です。自己の経験知を話す場合は、相手の話を遮るようなタイミングではなく、一区切り着いたと感じた時点で発信します。

　このような概念化によって、面談相手は、自分の話をよく聴いてくれていると感じるでしょうし、「概念化」できる聴き手であるとも感じるでしょう。したがって、信頼感も増幅されることになるはずです。

２．経営改善の方向性

　前項では実際に事業性評価を行う対象企業は、程度の差はあれ何らかの問題を抱えていて経営改善すべき企業であるとの趣旨を、第２章第３節では一定の売上総利益率を維持することを前提に売上アップが経営者の一次的な関心事であり目標であると述べました。

目標が利益目標よりも売上目標となることが多いのは、その方が自他ともに明解だからであり、一次的な関心事となるのは、経営者の規模拡大志向の表れではないかと思います。当人も利益が重要なことは分かっているはずです。経営改善は、理論的には、損益分岐点分析の考え方を採り、限界利益（売上高－変動費）の拡大と固定費の削減を目指すものです。

　しかし、筆者は、売上総利益の拡大と一般管理費の削減が眼目であると考えています。固変分解（固定費と変動費の区別）の煩雑さを避け、一般管理費をほぼ固定費とみなし、簡易化を図りました。

　結果の大勢に影響はないと考えており、この方が決算書に沿って説明することができ簡明だからです。

　以下、売上総利益の拡大と一般管理費の削減の方法について概説します。

（1）売上総利益の拡大

　単純なモデルでの売上高、売上総利益、売上総利益率は

　売上高　　　＝　（平均販売）単価　×　（販売）数量

　売上総利益　＝　売上高　－　売上原価

　売上総利益率　＝　売上総利益　／　売上高

　となります。

　単純なモデルで売上総利益を拡大する方法としては、

　単価・数量をともに上げることが理想的ですが、現実的には

　　①単価を維持または若干下落を覚悟し数量を増加させる

　　　（率は通常下がる）

　　②数量を維持または若干減少を覚悟し単価を引き上げる

　　　（率は通常上がる）

　　③売上高を維持または若干下げつつも売上原価を減少させる

　　　（率は上がる）

　の3つが考えられます。

　①については、

既存顧客を深耕して、一顧客あたりの数量を増加させる

新規顧客を獲得して、顧客増加により数量を増加させる

の両方またはいずれを採用するかを、「売りもの」の追加・変更（一部含む）をするかしないかを選択し、「売りかた」の変更を模索します。

②については、

引上げの対象である「売りもの」の追加・変更（一部含む）をするかしないかを、引上げ時期として常時か期間・日時などの限定かを、該当する単価額をそれぞれ選択し、「売りかた」の変更を模索します。

③については、

流通業などでは仕入原価の引き下げとなります。

製造業などのものづくり企業では、製造原価の引き下げとなり、材料費、労務費、外注費、経費が引下げ対象となりますが、金額の大きい費目から優先的に見直しを模索します。

（2）一般管理費（固定費）の削減
①人件費の問題

一般管理費を区別するとすれば、「人件費」と「その他」とになります。人件費は多くの企業で一般管理費の半分以上を占めるため区別して検討することが一般的です。

人件費には役員報酬、給与（賞与）・手当、法定福利費、福利厚生費などが含まれます。1人当たり人件費の多寡についての情報を検討します。

1人当りの時間外手当が特に多くなっている企業があります。製造原価中の労務費も同様ですが、労務管理の在り方や従業員の意識改革までの情報を検討する必要があります。

また、企業業績がよくなく資金繰りも楽ではないのに、1人当り役員報酬が比較的多く、役員報酬を多く出す分だけ出金が多くなり、その分資金繰りの穴を埋めるために役員が会社に戻すように拠出して、役員借入金として計上している企業があります。役員報酬を減額しても当期利益が出ないため法

人税を支払う必要のない企業の場合は特に問題です。

　年金・健康保険料の半額分、雇用保険料の2/3程度、労災保険料が法定福利費として企業負担となります。加えて、所得税、住民税、年金・健康保険料の半額分、雇用保険料の1/3程度が役員の個人負担となりますが、間接的に該当額が役員報酬として企業負担となります。

　業績や資金繰りを予め見通して役員報酬を決定することは容易ではないでしょうが、役員借入金として会社に戻すことがないような役員報酬額とするだけで、かなり多額となるこれらの企業負担額が節約できます。

② 「その他」販管費の削減

　「その他」販管費の費目数は人件費のそれよりも多いため、特に効率的に情報を入手することが必要です。金額の多い費目を中心に情報を入手して検討します。

　なぜなら、金額が多い程、削減余地があり、削減効果が期待できることだけでなく、金額の多い費目は、当該企業の特徴を表している可能性が高く、企業の実態を把握する近道となりうるからです。

3. 「現場」「現物」に接し、経営者とのギャップを埋める

(1) 情報を得るために

　対象企業を訪問した際に、当社の事務所・店舗・工場・倉庫などを見学するようにします。

　第1章第2節で述べた通り、「現場」「現物」に接し、在庫、機械・設備、人の動きや資材・商品の流れなどを見て、聴いて情報を入手します。連続比較要約財務諸表にチェックした変異点・特異点などの疑問点で現場・現物に関する事項について特に注視します。

　事務所では、従業員の動き・職場の雰囲気、事務机・事務機の配置場所・方法、特に社長室・席からの位置関係などを見ます。

店舗では、広告看板、店内POP、商品在庫の場所・量のほか、男女・老若など顧客の属性を注視します。また、分かる範囲で品揃えに関心を持ちます。

工場・倉庫では、機械・設備と従業員の動線、整理・整頓状況を見ます。聴くことについては歩きながらする関係上、この時点で抱いている疑問点について質問するのではなく、疑問点となっている事項の前提となるものであり、現場・現物を前にして聴いた方がいいと思われる事項について質問します。

例えば、工場で多くの機械・設備がある場合、主な機械・設備の特徴や人の動き・動線について質問したり、資材の保管場所・方法などについて確認したりすることです。

全体として、職場に流れる雰囲気を感じ取ることができるかもしれません。

ここで注意しなければならないことは、注視するといっても意識の中のことであり、質問するといっても問題点に直接関係すると思われることや問題点を探すようなものは見学段階ではしないのが原則です。

また、見学に時間をかけすぎないことです。時間配分に留意しなければなりません。初回以降、むしろ短時間でも見学回数を多くとれば、新たな発見や時系列的な変化の情報を得ることができるでしょう。

(2) 経営者との認識のギャップを埋めるために

一度の見学では得られる情報は少ないかもしれませんが、見学しなければ生の情報は決して得られません。経営者と対話をしていて「現場」「現物」に関する話題に及んだ際、生の情報がなければ、全く理解できない部分が出てきてしまい、質問すらできない事態になります。見学していれば、理解できなくても質問のきっかけをつかむことができて理解に資することになります。

このように、毎日のように「現場」「現物」に接している経営者との認識のギャップをできるだけ埋めるためにも見学は必須です。

第2節　実際の対話から窮境原因を突き止める

1．連続比較要約財務諸表を基に定性面を把握する

(1) 変異点・特異点から質問する

　見学後、本題に入る際、準備してきた連続比較要約財務諸表や同表のグラフを提示し、何年間かの当社PL・BSから売上・利益などを比較分析したものであることを簡単に説明します。第1章第2節で「事業性評価は事業への関心と対話から始まる」と述べましたが、この提示と説明は「事業への関心」を面談相手に示したことになります。

　次に、明確になった変異点・特異点を入口に、質問することになります。これは、定量的なデータを基にそれを契機として、定量的なデータの背景にあって、それを裏付けるような定性的な部分を把握する方法です。

　質問項目は次の通りです。
　①好業績時期の背景
　②変異点・特異点の背景
　③窮境原因についての考え方
　④これまでに出た重要事項の確認

①好業績時期の背景

　連続比較要約財務諸表は何期間分のものですが、その間に業績がよかった時期が含まれている場合、その背景についての質問です。

　この質問の目的は二つあります。一つは、以降の質問が問題原因を究明する関係上、どうしても後ろ向きの質問になってしまい、誰しも楽しいものではありませんから、せめてこれによって話題を弾ませてこれを契機に経営者

の心情を開放的にするためです。

　もう一つは、業績のよい時期の外部環境や経営手法を知り、その当時の経営手法を現在でも継続しているのか否かを確認し、経営手法変遷の有無・内容から経営者の外部環境変化への対応能力を見極めつつ、条件などを変えれば今後も通用しないかのヒントを探るためです。

　ここで、連続比較要約財務諸表の期間について再度触れますが、設立から十数年程度の企業の場合、設立時期から作成することをお勧めします。

　設立時期から一度も好業績時期あるいは数年連続の黒字の時期がない場合は、問題が大きいと思います。なぜなら、その企業の経営が事業として確立しているとはいえない可能性があるからです。

　好業績時期が作成した10年程度の期間にない企業で、設立がかなり古い場合、時間との関係で、設立時期からの作成は割愛してもよいでしょう。

　また、創業や承継などのいきさつを聞くこともよいでしょう。

②変異点・特異点の背景
ａ．定性面の客観的情報

　例えば、売上高が、ある期において上昇し、その後下降して現在に至っているとします。上昇している時期が好業績時期であれば前述の通りですが、一時的に上昇し下降した変異点の背景にどのような事実があったかを聴きます。業界の景況が良い時期で受注量が増えたため、人員を追加採用したが、その後景況悪化して受注量が減少したなどの客観的な背景事実を知ることができます。

　例えば、固定資産や減価償却費が増加したような変異点では設備投資に関する情報を得ることができます。

　労務費・外注費の変異点・特異点、一般管理費のうち比較的多額なものなどは、当該企業の特徴を表しているため、重点事項です。

　また、特に多額の雑収入やある時期だけ突出して多額となった費目、特別損益などは、一時的ですが、何らかの問題があった可能性があり、企業の特

異体質に関する情報を得るきっかけとなります。

　ここでの質問の一次的な目的は企業の実態についての情報を広く収集することにあります。当然、問題原因究明の意識は持っていなければならないのですが、この段階では深掘りせず、単に客観的な事実の収集に努めます。

　　b．意識などを読み取る
　定性面の情報には、有形資産・設備などの有形的な経営資産に関するものと企業文化・風土などの無形的な経営資産に関するものがありますが、ここでの質問のもう一つの目的は後者に関する情報を得ることにあります。

　無形的な経営者の意識・能力、従業員との関係性などについて、見学時点で感じ取ることができた場合の従業員の動きや職場の雰囲気なども考え合わせ、質問に答える経営者の言葉の端々から読み取ることも重要な目的となります。

　経営者の意識・能力とは、経営についての考え方、計数管理能力、営業管理能力、製造業では生産・技術管理能力、これらを発揮するためのコミュニケーションに対する意識・能力のことです。

③窮境原因についての考え方
　これまで質問をしてきたなかで、準備してきた仮説や「方向付け」が絞られてきたと思います。問題原因、特に経営改善すべき企業にあっては窮境原因と言いますが、その究明に近づいてきたかもしれません。

　そこで、次に、窮境原因について経営者の考え方を聴きます。

　窮境原因が突き止められることを期待して質問するのではありません。おそらく、外部環境の変化についての説明や対応したやり方などが語られるにすぎないでしょう。経営者自身が分かっていないからです。経営者の意識や対応を聴くことが目的なのです。詳しくは本節第4項で説明します。

④これまでに出た重要事項の確認

連続比較要約財務諸表に基づく質問の最後に、これまでに出た重要事項であると認識したものを確認するために深掘りも含めて若干の質問をします。

変異点・特異点から見えてきた問題点は現象に過ぎず、問題原因ではありません。したがって深掘りする必要がありますが、問題点について単に何故かと質問をしても必ずしも直接的に本質的な経営問題が究明されるとは限りません。

むしろ、究明できない場合がほとんどです。前述した通り、経営者自身が分かっていないことも多いからです。そこで、仮説あるいは議論の「方向付け」を意識しながら質問する必要があります。

ここまでの所要時間は1～2時間程度と考えてください。1日で行うのが理想的です。面談相手には訪問者の関心と熱意が伝わっているはずです。

次回の面談時に、人事・組織に関する情報として勤続年数・年齢などが記載された役職員一覧表、給与台帳、組織図の用意を依頼するとよいでしょう。

第2章第3節では「売上構造の5要素」の把握を念頭に置いた仮説の一般的な立て方についてのみ述べましたが、次項以下では、さらに具体的で効率的な仮説・検証について説明します。

2．組織管理の不備を把握する

これまで企業の全体像を広く概略的に捉えることに主眼を置いてきました。

ここからは現在の「売上構造の5要素」を整理しながら把握することに努めます。第2章第3節で述べた通り、「売上構造の5要素」のうち「売りかた」には組織体制が含まれます。しかし、検討の都合上、組織体制を他の要素から先に独立させて説明し、次項でその他の要素について展開します。

(1) 経営者の組織管理への意識・対応

　事業を開始する場合、無経験でいきなり開業する人もまれにはありますが、多くの人は、学卒後就職あるいは学業中アルバイトをして、「売りもの」の作り方・仕入れ方、管理方法などを習得し、顧客作りに関する人脈を得るなど、ある程度事業に関する知識・経験を積んだ後に独立するようです。

　いずれにしても、ほとんど管理職の経験を積まずに、少人数での開業となりますし、管理職経験を積んだとしても中間管理であり、共通点はあってもトップのそれではありません。

　したがって、経営者として組織を管理することに不慣れなことが多いと思われます。事業を承継する人もその傾向にあると思われます。

　もっとも、組織管理の経験がなくても、経営者となってから、経営や組織管理について学び考えて立派に組織を運営している経営者も多くいます。

　他方、組織といえる規模になっても、あるいは組織といえる程の企業の事業を承継しても、日々の業務に追われ、組織管理についての意識がないか、知識を充分に習得しないまま、あるいは習得しても管理を実効できないで、事業をしている人も多くいるようです。

　筆者の経験では、経営改善などの案件のほとんどにおいて、何らかの経営問題の背後に、組織管理の不備があって、本質的・根本的な原因の一つになっています。組織管理の不備とは、企業内のコミュニケーションの欠陥に起因する、あるいは加えて、モチベーションの低下による経営情報の非共有化です。

(2) 組織管理に関する仮説を持つ
①管理状況を察知する

　前節で、従業員との関係性を、従業員の動きや職場の雰囲気なども考え合わせ、質問に答える経営者の言葉の端々から読み取ることも重要である旨のことを、また、窮境原因について経営者の考え方を聴くといった旨のことを、述べました。

変異点・特異点での質問や窮境原因についての考えのなかで、何気なく従業員に対する何らかのマイナス要素、不満とも受け止められるような言葉が出てくることがあり、「ひっかかり」を覚えることがあります。

その場合はもちろん、そうでなくても、経営改善すべき企業の組織管理に不備が多いことから、当該企業との面談において、管理不備を仮説として想定することが効率的です。問題は、どのような状態になっているかです。

そこで、経営者と従業員との関係性や組織管理についての現状を資料や質問によって把握することになります。前回の面談時に準備を依頼していた、従業員一覧表、給与台帳、組織図に基づき質問を行います。

給与台帳から給与の高低が判断でき、従業員一覧表の勤続年数や、これら両資料のうちに社会保険の被保険者番号の記載があった場合に番号の飛び方から従業員の定着の良し悪しが判断できる可能性があります。同表には退職者情報がないことが多いため定着如何が不明であれば、近年の採用・退職について質問すればよいでしょう。給与が低いことや、従業員の定着率が悪い事実から、組織管理に不備がある蓋然性が一段と高まります。

質問の仕方として、「授業員との関係性はどうですか」などと抽象的な質問をしても空振りに終わります。組織管理に不備がある経営者は、不備を認識していないか、認識していても対処方法が分からないなどの理由で放置しているか、対処していても実効性がないか、のいずれかであると、筆者は感じています。

ずばり、一般論として業績がよくない会社は組織管理が不備であるように感じているといった趣旨のことを述べてもよいと思います。

②特に多い営業管理の不備

製造業などでは、生産部門と営業部門間の情報共有不足もありますが、業種を問わず多いのは組織管理のうち営業管理の不備です。

例えば、次のようなものがあります。

・営業社員の予定・実績などの行動が把握されていない

・新規先訪問がないなど訪問先の偏りが放置されている
・目標が各人の売上金額のみが掲げられ具体的な行動目標がない
・受注交渉状況の一覧がないか更新されていない
・会議での一方的な情報提供のみで自由な議論・共有化の風土がない
・成功・失敗事例の共有化がない
・人事評価が不透明・不公平

　金融機関等の職員の方であれば、営業管理に関する質問のポイントは、自己の金融機関等で行われている管理手法は相応になされているでしょうから、それを参考にすれば、容易に想像できるはずです。業種・規模の違いを考慮して、面談先でどのように行えばよいか、と考えれば、質問事項は自ずと定まります。
　質問によって問題点を深掘りして行けば現状が見えてくるはずです。

3.「売上構造の5要素」を把握する

　第2章第3節で述べた通り、「売上構造の5要素」は、「顧客」「競合」「強み」「売りもの」「売りかた」です。これらについて、情報を入手していきます。
　どの質問からするかについては、当の企業は、何の会社か、何を売っているのか、を最初に明確にすることが思考の順番として適していると考えられますから、入口は「売りもの」です。しかし、相互に関連することが多いため、途中で「顧客」「競合」「売りかた」についても聴きつつ、それぞれの情報を浮き彫りにしていきます。
　そのなかで「強み」を見極めていくことになります。「弱み」と対比しながら「強み」を読み取る意識が必要です。

(1)「売りもの」
　「売りもの」については、準備段階である程度情報を得ているはずですが、

改めて簡単にすべての取扱い範囲を確認します。取扱い自体に不思議さを感じた場合は取扱いの経緯について聞き取ります。

「売りもの」の、①品質・質、②価格、③納期、④販売時期または繁忙期などの特殊要因について、情報を採ります。

①品質・質

品質には、性能・デザインなどが含まれます。質とは、サービスの質・水準をいいます。

品質などについて、自ら悪いという経営者はいないでしょうから、直接質問するのではなく、「何が」売れているのか、「誰に」売れているのか、「なぜ」売れているのか、「どんな方法で」「どんな時」あるいは「どんな場合」に、と質問します。品質などが「強み」となっている可能性があるからです。

また、品質などを維持するためにどのような工夫・努力をしているのかを聴きます。それにより希少性・模倣困難性に達した「強み」となっているかもしれません。すなわち、高品質の背後にあって本質的な「強み」の源泉となっているものです。

品質などの良し悪しについては、身近で手ごろなものであれば、購入することもよいでしょう。今までのつき合いのなかで分かっているかもしれません。

飲食店の場合、質が悪いということはまずありません。質が悪ければ営業を継続することは難しく、特に融資取引先や商工会議所等の会員とはなっていないはずだからです。それでも、筆者の場合、飲食店では必ず飲食します。注文には当店自慢のものを含めます。自慢の飲食物などや、それを出せる工夫・努力などが「強み」と判断できれば成功だからです。

②価格

価格については、品質・数量・サービス条件・顧客層・利便性・競合などとの関係を踏まえて、自己の知識・感覚で判断することになるでしょうが、

特に重要なことは、どのような顧客を対象に、どの競合を意識して、その価格になっているのかということです。

第2章第2節で顧客が明確になれば競合もおのずと定まる旨のことを述べましたが、狙う顧客層が違えば競合も違ってきます。客層が違えば、間接競合など一応競合といえば競合ではあるものの、対抗意識を持ってはならない「みかけの」競合もあるのです。客層が違い競合ではないのに、価格競争を恐れて不必要に対抗して安価にしすぎている例が少なからず見受けられます。

③納期

製造業などでは、品質・価格とともに納期限の順守が取引の重要条件になります。購入先が要求する高品質・低価格・短納期の3条件すべてを高水準に保つことは至難の業です。したがって、多くの企業は、どれか一つに特化して高水準を保ち、あとは程度の問題として要求水準の限度は維持して高水準維持を捨てる、という方針を採っています。ここに企業の特徴が現れます。

高品質を維持することが企業としては一番の誇りでしょうが、敢えて短納期を選択しているところもあります。これを「売り」にしていれば、「強み」と判断できるかもしれません。

ちなみに、納期が一般的に長くなる業種では運転資金が大きな問題になります。業種・業態や納期の長短に関わらず、支払条件との絡みで回収条件を聞くことは当然必要です。

④販売時期または繁忙期などの特殊要因

衣料品、酒類・飲料、スキー場を例として、「売りもの」の売れる時期や受注・納品時期が年間を通して偏る、加えて、気象・温度などの条件によって販売時期の始期・終期や数量に大きな変動が生じる、といったことがあります。

すなわち、前者は事業の繁閑に顕著な差がでる問題であり、後者は「売りもの」の準備・仕込みの時期・数量の見込みが販売時期・数量と違いが生じ

る、といった問題です。運転資金の問題としても重要です。

前者の場合、閑散期における経営資源の遊休化を防ぐ手立て、例えば、受注を前倒しで取るなど平準化をする、閑散期に同じ経営資源を利用した別事業を行う、などの工夫があるか否かを聴きます。

後者の場合、対策として、予測情報の精緻化や違いが生じた際の対処法が確立しているか否かなどを聴きます。

(2) 顧客

ここでの顧客は、小売業、飲食業などではBtoCで一般消費者であり、部品製造業などではBtoBで事業者であり、完成品製造業などではBtoBtoCで流通業者および一般消費者です。

一般消費者を対象にした顧客リストを所有・管理している企業はそう多くはなく、提出依頼は難しいでしょうが、対象が業者の場合は業者が特定していることが多いため、取引先業者一覧表の提出依頼は可能でしょう。合わせて仕入先業者一覧表の依頼もできるでしょう。

業種を問わず、現在の顧客が誰かについて情報を採ります。

①顧客獲得の経緯・努力

主要な顧客について、取引に至った経緯を聴きます。例えば、経営者などの人脈、仕入先や取引先の紹介、新規顧客獲得営業などです。訪問営業のみならず店頭営業においても該当します。

当該企業が有力企業であれば、その企業ブランドで顧客が増えることは予想できますが、そうでない場合には、たまたま紹介があったという例もあるでしょうが、通常、営業努力が必要です。

そこで、ポイントはまず、営業努力があった結果か否か、あれば営業努力はどのようなものであったか、なければ何故営業努力しなかったか、などです。

次に、その努力を現在も続行中か、でなければ何故か、継続中であれば他

に努力の向け先がないか、などです。

　一方で、顧客に対しての現在の営業活動についても、聴き取ります。店頭営業では来店時での営業促進方法であり、訪問営業では訪問時の営業方法です。

　対新規顧客、対既存顧客いずれの場合でも、その営業活動をどのように管理しているか、管理方法について聴きます。前項で述べた通り、顧客獲得のための営業活動の管理に不備があるために、営業努力が十分に行われていない可能性があるからです。

②市場との対応関係
　第2章第③節で述べた「売りもの」と売るべき市場・顧客との対応関係のことを思い出してください。対応関係が適切かを意識することが重要です。

ａ．市場の深耕・追加・変更
　一つは、選択した市場内で取りこぼしている顧客がいないか、既存顧客を深耕できないかなど、市場内でのシェア拡大に余地があるのではないか、です。

　もう一つには、隣接市場（例えば、隣接する他業界）でも「売りもの」が通用しないか、すなわち選択市場そのものを追加することができないか、です。

　さらには、選択した市場が適切であったか、別の市場、例えば、隣接市場の方が適合しているのではないか、と問題視することもありえるでしょう。

ｂ．「売りもの」の追加・変更（一部含む）
　上述は、「売りもの」に変更などがない場合のことですが、「売りもの」を追加・変更（一部含む）することにより、上述と同様のことができないかを探ります。前節の売上総利益の拡大に関して述べたことを敷延した一例です。

　上述とは逆で、現在・将来の顧客のニーズが、顧客の属性（一般消費者で

は性別・年齢・嗜好など、業者では特徴など）を考慮すると、「売りもの」に適合していないと考えた場合の対処方法となります。

これにより市場内のシェア拡大や市場自体の拡大を企図します。

例えば、品揃えを、顧客の高齢化により高齢者向きのものを増やす、高級化志向に合わせる、などです。

（3）競合

競合については、経営者はある程度認識していますから、「競合はどこですか」と質問します。しかし、直接競合のみ指摘し間接競合を挙げない場合もあり、逆に、先述の通り、客層が違い対抗意識を持ってはならない「みかけの」競合を挙げる場合もあります。

3C分析の箇所で述べた通り、対象とする競合が採る戦略方針、特に如何なるニーズを持つ顧客を対象顧客としているのかを知り、その強み・弱みを探り、対抗方針を定めることがポイントです。

（4）売りかた

「売りかた」には、組織・システム、販売方法・チャネル、サービスなどが含まれます。組織体制については、前項で独立して説明したところです。ここでは、それ以外について説明します。

多くの流通業者は「売りかた」を非常に重視するのに対して、技術力に自信のある製造業者は技術や製造を重視するあまり、「売りかた」を重視しない傾向にあります。これは前項の組織管理、特に営業管理の問題でもあります。

「売りかた」を重視するしないにかかわらず、顧客への訴求方法が適切であることが望まれます。

顧客への訴求方法については、店舗などに誘導するための広告宣伝と、店舗などの中でのPOPや「売りもの」の見せ方などに、大きく分けることができます。この区別を意識したうえで、ともに当該企業の「強み」が表現さ

れているかを見てください。

前者では広告看板に当該企業の「売りもの」や「強み」が分かりやすく表現されているかを観察します。

後者では、POPなどに「売りもの」についてメッセージやネーミングが施されているか、メッセージやネーミングが企業の「強み」や「売りもの」の特徴が端的に表現されたものとなっているかを観察します。

観察で得た自身の感想を述べることにより、経営者に「気づき」をもたらすことができるかもしれません。

(5) 強み
①強みは見極める

上述した通り、「売上構造の5要素」について、「売りもの」から始めて、それ以外を質問するのですが、「強み」については、直接的な質問はせず、読み取り、見極めることになります。

「当社の強みは何ですか」と質問したとしても、単に「品質がよい」とか「技術力がある」などのように漠然とした答えが返ってくるか、または、答えられないかのどちらかが多いと筆者は想像しています。

したがって、「品質」のところでも述べたように、「売りもの」が売れている理由や状況を質問します。「高品質」が挙げられた場合には他との具体的な「違い」や「状態」を聴きます。

②「強み」を生かす「弱み」の解消

「強み」の活用にとって重要なのが「弱み」の解消です。「強み」の活用に障害となっていると考えられる「弱み」を解消することによって、「強み」を生かして活路を開くのです。

生産工程や流通過程での一部の設備・要員などの能力不足で全体の流れが停滞することをボトルネックといいますが、このような「弱み」も広い意味でボトルネックであるといえます。

中小企業では、「強み」は少なく、「弱み」は際限なくあるといっても過言ではありません。「弱み」の多くは、経営資源、特に「カネ」と「ヒト」の不足に起因しており、解消困難なものと考えられます。

したがって、中小企業の成長の方向性は、「弱み」の克服をほぼ断念して、「強み」を生かすことに注力するというのが定説のはずです。

しかし、「弱み」の一部でも解消すれば、ボトルネックを減らし、その分活路が広がることがあります。少額の「カネ」と現状の「ヒト」の活用により、一部でも「弱み」の解消ができることも多くあります。

その例として、営業管理の不備や、「売りかた」特に不適切な訴求方法の改善があります。筆者はこれらの改善によりボトルネックを解消して活路を広げたことを何度も経験しています。

4. 経営者自身にある真の窮境原因を特定する

(1) 経営者の意識
①アンケート調査結果

中小企業の大半（6割あるいは7割以上とも言われている）が赤字決算であり、実質的に債務超過であることも少なくないのが現状です。「実質的に」とは、土地などの固定資産の時価評価をし、あるいは、そうするまでもなく、不適切な決算処理を修正して、実態バランスを把握すれば、という意味です。

赤字や債務超過といった窮地に陥った原因が窮境原因ですが、平成23年度中小企業白書における民事再生法適用会社の窮境原因についての経営者の意識アンケート調査結果によると、「本業の経営不振」や「金融機関の貸し渋り・貸し剥がし」といった、真の原因というよりも「環境変化への対応不足の成れの果て」とでもいうべきものや「他のせい」にするものです。対象が民事再生法適用会社ですから、本書の対象とは若干のズレはありますが、傾向としては同じであると考えられます。

他に、よく挙げられるものとしては

・放漫経営
・取引先倒産
・債権回収遅延・過剰在庫などによる資金繰り逼迫、などです。
真の原因は、この奥にあるのではと思われるものばかりです。

② **具体例**

本節1項で、窮境原因についての経営者の考え方について質問する目的は、それによって窮境原因が突き止められることを期待してではなく、経営者の意識や対応を聴くことである旨を述べましたが、面談相手も上記アンケートと同じような考え方であるのかを確認する必要があります。

筆者の経験によると、
・リーマンショックのあと、受注件数が減少した
・競争激化で受注単価が下がった
・取引先の生産量減少で受注量が減少した
・近隣に競合が進出してきた
・通販や量販店に顧客が流れた、などがあります。
しかし、これらは環境変化があったと言っているにすぎません。
では、環境変化にどう対応したかを質問すると、
・どうしようもなかった
・できる限り単価維持をお願いした
・競合の価格に合わせた
・経験・ノウハウのない別事業展開
などで、ほとんど対応らしきことをしていません。

（2）真の窮境原因は

本節2項で、経営問題の背後に組織管理の不備があり、コミュニケーションの欠陥に起因する経営情報の非共有化が根本的な原因の一つである旨を述べました。ほとんどのケースで、経営情報の非共有化が外部環境変化への組

織的対応の遅れをもたらしたことが本質的な原因であると筆者は考えています。

「窮境」というためには、少なくとも以前に窮状でない平穏な状況があったことが前提です。創業後に事業が計画通りに行かず、ビジネスモデルが立ち上がらなければ通常企業は何年ももちません。

しかし、例えば、比較的少額の赤字が毎年のように続き、借入金で赤字を補填するケースでは数年以上存続することがあります。もっとも、最終的には積年の赤字により債務超過となり、借入金も多額に膨れ上がり、極度の窮状となります。

したがって、事業によい時期や平穏な時期がなくても、企業が数年以上存続すれば窮境原因は語れます。この場合の窮境原因は、事業計画自体の不適切さにあるといえますが、計画そのものというよりも上述の通り、運営上情報の共有化ができなかったことにある可能性も充分ありえます。

いずれにしても、窮境原因は経営者自身にあります。もし、経営者が、自身の組織運営上のやり方を反省し、従業員とのコミュニケーション不足や組織管理の不備を認めたとすれば、その経営者を評価すべきです。事業計画自体の不適切さなど自身の経営判断の甘さを認める経営者も一部ですが、いると思われます。その場合もある程度評価すべきでしょう。

(3) 窮境原因を特定し示す

窮境に至った経営者の多くは、窮境原因を外部環境や他人のせいにするか、窮境原因について考えることを回避する傾向にあります。窮境原因が自分自身にあると考えていない経営者は思考停止の状態にあります。

経営改善のためには、まず、経営者自身が過去の経営姿勢について反省し、窮境原因を除去しなければならないことに気づかなければなりません。真の原因を特定して示すことが必要となります。

そのためには、信頼関係がある程度構築されていることが前提となります。窮境原因を明示する場合には経営者にとっては厳しい指摘を受け入れる必要

があり、暗示する場合には「気づき」のために必要になるからです。

　明示か暗示かについては、やはり、暗示することが無難です。仮説の提示でもいいでしょうし、他社の案件になぞらえてほのめかすことをありうるでしょう。暗示しても「気づき」がなければ、明示せざるをえません。

第3節　経営に「気づき」をもたらす資料作成

　提出を依頼する資料について、これまで、人事・組織に関するものとして、役職員一覧表、給与台帳、組織図を、営業に関するものとして、得意先一覧表、仕入先一覧表を、指摘しました。これらは企業が既に作成しているか、または容易に作成できるものでした。

　これから述べる資料は、受注実績予想一覧表、売上総利益（原価）管理表、資金繰り表の3種類です。これらは、上記とは異なり、多くの企業にとって金融機関が要求しないと作成しないものです。この順に検討していきます。

1．受注実績予想一覧表

（1）作成要領

　受注実績予想一覧表は作成時点での受注実績と予想を一覧にしたものです。受注生産を主とする製造業、建設業や、受注単価が高額となる流通業、サービス業などに有用です。図表3-1には請負工事業者のものを例示しました。

　記載する期間範囲は、決算期の1年間としますが、「受注」を重視して受注日基準で期初からの期末までの受注を記載する方法と、決算書の売上高と比較する目的のために売上計上日基準で売上計上となる期初から期末までの

第3章 事業性評価の具体的進め方

図表 3-1　受注実績予想一覧表

契約先	工事名	予実区分（確度）	工期		金額	現在出来高		②既受領額（前受金）	①-②出来高未受領額	入　金　予　定　額（うち手形回収）					
			契約（着工）	完成		%	金額①			月	月	月	月	月	月
	合　　　計														

完成・完納などを記載する方法の、2つがあります。

　受注件数が多い、部門が複数ある、受注営業員が多い、といった場合には、月別、部門別、担当者別などに区分した一覧表を作成することが望まれます。提出については適切なものを1種類だけでもよいと思います。

　実績と予想は、その区分欄を設けるか、記入字色を変えることにより区別します。予想の確度についての記入方針は、ほぼ確実なもののみ記入するか、確度欄を設けて期待比率を記入するか、いずれかを選択します。受注営業員が多い場合には管理上確度欄を設定すべきです。例示では予実欄と確度を同一区分欄に記載しています。

　時系列的には、予想記載した受注交渉案件が失注した場合にも、記入欄の塗りつぶしの色を変えるなどして失注があったことが判別できるようにします。受注金額に大小のばらつきがあり、受注件数が多い場合には基準金額以上のものを記載してもよいでしょう。

　「入金予定額」を設けたのは、入金予定を把握して資金繰り表の作成に資

するためです。紙面の都合上、一部省略して6月分のみ記載してあります。
　以上の作成上のポイントを対象企業に説明し作成を要請します。

(2) もたらされる「気づき」

　この一覧表を作成すると、次のようなことが見えてきます。
- 前年（月別）対比で、受注金額・件数の大小変化、新規契約先の出現、既存契約先の埋没、その他契約先の変化など
- 部門別・担当者別対比で、受注金額・件数の大小、新規先獲得営業の成否、受注・失注確率、確度予想の適切さ、前受金・売掛金入金時期の早遅など、

　中小企業において多く採られる作成区分は担当者別になると思われますが、担当者が各自この資料を作成した後、集計されて完成した一覧表を経営者が適時にチェックすれば、不備となりがちであった営業管理が改善されます。営業状況を把握している経営者であれば、他の社内管理表と相まって、上述した事柄以上の違いや変化を読み取ることもあるでしょう。同表を基に従業員とのコミュニケーションが促進されることになります。
　提示された一覧表を見て、感じた事柄を経営者に質問すれば、経営者にとって更なる「気づき」に繋がることにもなります。

2. 売上総利益（原価）管理表

　項目を売上総利益（原価）管理表としていますが、①売上総利益管理表と、②工事原価一覧表（工事台帳）の2種類を一つにまとめて表現したものです。②は建設業用で、①と同じく売上総利益を計算しますが、建設業では工事中に工事原価の予算対比を管理しており、「原価管理」が特に重視される関係上、この呼び方で表しています。工事台帳とも称されます。それぞれ作成上のポイントを記載します。

(1) 売上総利益管理表
①作成要領

　売上総利益管理表は作成時点での売上高、売上総利益、同率を一覧にしたものです。あらゆる業種で有用です。図表3-2には取引先別を例示しました。記載する期間範囲は、例示では紙面の都合上6月としていますが、実際には決算期の1年間とします。

　業種・業態や企業規模によって、地域別、部門別、店舗別、取引先別、商品（サービス）別、担当者別と各種類の作成が予想されます。取引先別や商品（サービス）別などで項目が多いものは、多額順に記載し、設定した基準額以下は「その他」としてまとめます。

　提出については業種などを勘案して1種類でもよいでしょう。

図表3-2　売上総利益管理表

取引先別　売上総利益管理表　　　　　　　　　　　　　　（単位：千円）

取引先	月	月	月	月	月	月	合計
	売上高	売上高	売上高	売上高	売上高	売上高	売上高
	売上総利益	売上総利益	売上総利益	売上総利益	売上総利益	売上総利益	売上総利益
	％	％	％	％	％	％	％
合　計							

②もたらされる「気づき」

　区分項目別に売上総利益の額・率が一覧できます。売上総利益から販管費を控除した結果が営業利益となる関係上、区分項目ごとの販管費の額も考慮する必要があります。店舗別など販管費が多額となる場合は必須です。

　売上総利益の額と率の関係が着眼点となります。比較的、額が大きいが率が小さい項目は主に率を大きくする方策を、額が小さいが率が大きい項目や額・率ともに大きい項目は主に売上を拡大させる方策を、それぞれ検討することにより、額の拡大に繋がる可能性があります。経営資源の集中の観点からは額・率ともに小さい項目は廃止することも考えられます。

　売上総利益額が販管費を賄えないと判断される項目については、諸般の事情を考慮しつつ廃止することを検討すべきです。

(2) 工事原価管理表（工事台帳）
①作成要領

　この管理表は、呼称の通り、工事を主業務とする建設業で作成されるものです。図表3-3に例示しました。これには実行予算管理表の作成が前提となります。工事案件ごとに工事中にかかった原価実績を都度記入して、実行予算の範囲内に実際の原価が抑えられているかを管理する目的で作成されるものです。

　記載する期間範囲は、決算期の1年間とします。一般の売上高に相当する完成工事高を計上するタイミングに合わせて、すなわち、工事ごとに適正に選択した工事完成基準または工事進行基準で、実行予算管理表から実行予算・工事原価・売上総利益などを転記します。

　工事件数が多い、部門が複数ある、工事監理者が多い、といった場合には、月別、部門別、監理者別などに区分した一覧表を作成することが望まれます。提出については適切なものを1種類だけでもよいと思います。

　工事金額に大小のばらつきがあり、工事件数が多い場合には基準金額未満のものはその他として一括計上するという方針を採ることもあるでしょう。

図表3-3 工事原価管理表（工事台帳）

(単位：千円)

工事番号	契約先	工事名	受注日	着工日	完工日	請負金額①	実行予算②	②/①	工事原価	売上総利益③	③/①	監理者
	合　　計											

②もたらされる「気づき」

　建設業では、修理など1件あたりの金額が少額となるものがある反面、非常に多額となるものもあり、工事金額に大きなばらつきがあることが特徴です。

　特に中小企業では、少額工事すべてで売上総利益率を確保していても、1件の多額工事で大幅な赤字となれば、全体として売上総利益を確保できないことがあります。また、その逆の場合もあります。受注の際の積算段階での判断の甘さ・辛さもありますが、多くは受注方針と工事監理者の力量の差による問題です。

　受注方針とは、一般的には、受注条件や営業活動・業務遂行面での対応姿勢などを社内あるいは社外に表明する経営方針のことをいいます。

　建設業での受注方針は、どのような工事・顧客を対象に、最低限どれだけの売上総利益率を確保することを想定して受注するかという受注に関しての

社内方針です。受注方針は、工種ごと、顧客ごと、金額段階ごとなどに分けて、予め大筋で決められますが、高額案件の場合には、その都度決められることが多いと思われます。

高額案件では、上述の通り、業績に大きな影響を与えることから、受注から完工までのすべての段階において慎重な対応が求められます。したがって、高額案件を中心に受注方針を決定・修正し、工事監理者を適材適所に配置することになります。その際に、この工事原価管理表を受注実績予想一覧表や実行予算管理表などと相まって分析することで、十分に効果が発揮されるはずです。

3. 資金繰り表

(1) 資金繰り表の概要

資金繰り表は、毎日、10日毎、毎月などの現金の収入と支出のタイミングを表示して収支のバランスを確認する資料です。一般的な日次資金繰り表、月次資金繰り表のほかに、旬次資金繰り表、5・10日次資金繰り表などもあります。図表3-4には月次資金繰り表を例示しました。

図表3-4で、「月」を「日」「10日ごと」「5・10日ごと」に変えれば、それぞれ、日次資金繰り表、旬次資金繰り表、5・10日次資金繰り表になります。

(2) いわゆる日繰り表との違い

日次資金繰り表と呼ばれるものには、図表3-5に例示したいわゆる「日繰り表」を含めることもできますが、ここでは区別します。日繰り表には、日付、入出金額・内容と残高のみが記載されます。

これに対して、(日次)資金繰り表では、「売掛金回収」や「買掛金支払」などの項目別に整理して記入されるため、日繰り表に比べて記入漏れが少なくなります。

また、経常収支とそれ以外の投資・財務収支とに区別することができ、概

図表3-4　月次資金繰り表

(単位　千円)

	科目	月 実績	月 実績	月 予定	月 予定	月 予定	月 予定	合計 予定
	前月繰越金(A)	2,000	6,400	6,300	7,000	7,700	7,600	
経常収入	(翌月入金分売上高)	(4,000)	(4,000)	(4,000)	(4,000)	(4,000)	(4,000)	(48,000)
	(翌々月入金分売上高)	(1,000)	(1,000)	(1,000)	(1,000)	(1,000)	(1,000)	(12,000)
	売掛金回収	5,000	5,000	5,000	5,000	5,000	5,000	60,000
	雑収入	100	100	100	100	0	0	1,000
	その他	500					500	1,000
	合計①	5,600	5,100	5,100	5,100	5,000	5,500	62,000
経常支出	買掛金支払	2,000	2,000	2,000	2,000	2,000	2,000	24,000
	役員報酬・給与	1,500	1,500	1,500	1,500	1,500	1,500	18,000
	地代家賃	100	100	100	100	100	100	1,200
	リース料	100	100	100	100	100	100	1,200
	公共料金 (電気・電話・ガス・水道)	100	100	100	100	100	100	1,200
	社会保険料 (健康・介護・年金)	200	200	200	200	200	200	2,400
	労働保険料 (雇用・労災)					300		1,000
	源泉所得税・住民税	200	200	200	200	200	200	2,400
	納付消費税		1,000					2,000
	法人税・法人住民税・事業税など		1,000					1,000
	自動車税・軽自動車税		100					100
	固定資産税・都市計画税		400			400		1,600
	その他						700	700
	支払利息	100	100	100	100	100	100	1,200
	合計②	4,300	6,800	4,300	4,300	5,000	5,000	58,000
	経常収支計①-②=(B)	1,300	(1,700)	800	800	0	500	4,000
投資収支	固定資産等売却収入	2,000					1,000	3,000
	固定資産等購入支出	1,000					2,000	3,000
	投資収支計(C)	1,000	0	0	0	0	(1,000)	0
財務収支	短期借入金調達	2,200					1,000	3,200
	長期借入金調達	2,000					2,000	4,000
	短期借入金返済	2,000					2,000	4,000
	長期借入金返済	100	100	100	100	100	100	1,200
	財務収支計(D)	2,100	(100)	(100)	(100)	(100)	900	2,000
	収支合計(B)+(C)+(D)=(E)	4,400	(1,800)	700	700	(100)	400	6,000
	翌月繰越金(A)+(E)	6,400	4,600	7,000	7,700	7,600	8,000	

注：

図表 3-5　日繰り表

○月分　日繰り表　　　　　　　　　（単位：千円）

日付	曜日	入金		出金		残高
前月末残高		内容	金額	内容	金額	
1						
2						
3						
4						
5						
6						
7						
8						
9						
10						
11						
12						
13						
14						
15						
16						
17						
18						
19						
20						
21						
22						
23						
24						
25						
26						
27						
28						
29						
30						
31						

念整理となって収支ごとのバランスが確認できると同時に、経常収支がプラスかマイナスかが明確になります。

中小企業のなかには、資金繰り表を作成せず、日繰り表のみ作成している企業が少なからずありますが、上述の資金繰り表のメリットに鑑みれば、見直しの必要があります。

(3) 資金繰り表作成のポイント

作成上のポイントを以下の項目ごとに示します。
① 作成種類および記載期間の範囲
② 繰越金
③ 収支区分
④ 経常収入　売掛金回収
⑤ 経常支出　買掛金支払
⑥ 経常支出　人件費・税金
⑦ 経常支出　その他経費
⑧ 投資収支
⑨ 財務収支
⑩ 注書き

① 作成種類および記載期間の範囲

通常、月次資金繰り表を作成します。記載期間の範囲は決算期ごとの1年間です。

月末などの1日に入金・支払が集中する企業に適しています。日次資金繰り表で補完する場合、記載期間の範囲は、実績が1～2か月程度、予定が3か月程度でよいでしょう。

決算期日が末日ではなく、例えば、20日という場合には、決算期日に合わせるため、毎月20日で区切ったものを作成します。

月中に支払が多くあって資金不足となりうる企業では、旬次資金繰り表や

5・10日次資金繰り表または、これに準じた変則的な資金繰り表が適しています。例えば、毎月10日ごとや5・10日ごとに支払が多い企業では、旬次資金繰り表または5・10日次資金繰り表を作成してもよく、また、10日と月末の2日間に支払が集中する企業では、10日と月末ごとに区切ったものを作成してもよいでしょう。記載期間の範囲は月次と同様、決算期ごとの1年間です。

　これらの場合、月中の資金不足を管理する目的を持つため、同じ目的を持つ日次資金繰り表で補完する必要性は薄れます。

　以下、月次資金繰り表を前提として説明します。

②繰越金

　繰越金について、月次資金繰り表の場合には、前期からのものは「前月繰越金」、翌期へのものは「翌月繰越金」となり、他の種類の場合には、それぞれ当該期に合わせるように替えます。

　繰越金欄に記載する金額は、現預金の合計残高であって、決算書や試算表に記載される合計残高に一致しなければならないと考えがちです。しかし、後者から控除しなければならないものや割愛してもよいものがあります。

　控除しなければならないものは、拘束性預金です。拘束性預金には、融資の担保となった定期預金などがあります。

　そのほかに、公共工事の前渡金が入金されて工事の進捗に応じた手続をとった後にのみ拘束性が解かれる「別口普通預金」があります。

　預金口座について、企業は金融機関に複数のものを保有していることが多くみられます。それらのうちあまり使用されず、残高はゼロではないものの、少額のものがあります。現金についても、少額の小口現金しか手持ちしていないこともあります。

　これらの合計残高が十万円程度以下であれば、資金繰りによほど窮している企業でなければ割愛してもいいと筆者は考えています。

③収支区分

　表左端の項目として、前月・翌月繰越金のほかに、「経常収支」、「投資収支」、「財務収支」に区分して、それぞれに「収入」と「支出」を記載します。

　このように2つの繰越金と6つの収支に区分されたものを8区分資金繰り表といい、図表3-4に例示したものです。

　2つの繰越金のほかに、「経常収支」と「経常外収支」に区分してそれぞれ「収入」と「支出」を記載したものを6区分資金繰り表、「収入」と「支出」に区分したものを4区分資金繰り表といいます。

　収支ごとのバランス確認、経常収支のプラス・マイナス確認の観点から、8区分資金繰り表の作成が望まれます。

　「収入」と「支出」欄に金額を記載する際の記載方針が問題となります。特に予定金額については、「収入」は控え目に、「支出」は多めに記載するといった保守的な態度が根幹となります。

④経常収入　売掛金回収

a．売上と入金のタイミングを整理する

　「現金売上」がある場合には経常収入の最上欄に記載します。

　経常収入の中心問題は、売掛金の回収に関するものです。

　売掛金回収期間すなわち売上計上日から代金回収日までの期間は売掛先との入金条件取決めによって異なります。

　例えば、毎月末締・翌月末入金のように売上月の翌月に入金される場合や、毎月末締・翌々月末入金のように売上月の翌々月に入金される場合などがあります。これら以外にも締日と入金日のタイミングに多くの組み合わせが考えられます。

　このような入金のタイミングを整理するために、月次資金繰り表では、該当月の売上高を「翌月入金分売上高」や「翌々月入金分売上高」などに区別し、「売掛金回収」欄の真上に記載します。これらは「売上高」であって「収入」ではないので、「経常収入合計」に含ませないよう括弧書きとします。

このように売上高を区別して記載すれば売掛金回収額は容易に計算され記載することができます。ただし、実績売上高は自明ですが、問題は予定売上高の想定です。売掛金に準ずる前受金などがある場合には、売掛金の真下に記載します。

ｂ．売上高の想定
　売上高を予想する方法は業態によって異なります。比較的少額商品を取り扱うなど見込生産・仕入をするような業態では、年次趨勢を踏まえた前年同月対比を基に想定することが考えられます。
　これまで述べてきた何期間かの連続比較要約財務諸表を見れば、売上高の趨勢について把握することができます。
　数年の平均上昇・下降率を参考にすることになります。作成時点で何らかの売上向上策が用意されている場合には、それを加味することになります。また、天候の変動に大きく影響を受ける業態では、中長期の天候予測を参考にすることになるでしょう。
　比較的高額商品を取り扱うなど受注生産・仕入をするような業態では、前述した受注実績予想一覧表を基に想定します。
　ここでの問題は受注の確度をどう反映するかにあります。例えば、80％以上のもののみ全額または、その8割を計算に入れる、あるいは、加えて50％程度のものを5割程度計算に入れる、それ以外は算入しない、といったことが考えられます。
　いずれにせよ、前述の通り、保守的な記載方針が肝要であり、売上高算出根拠の説明が求められます。

C．受取手形の取扱い
　売掛金の回収が受取手形となる場合があります。この場合、入金タイミングで区分した売上高には受取手形金額を含めず、「売掛金回収」欄の真下に以下の欄を順に設け、各月欄に該当金額を記載します。括弧書は「経常収入

合計」に算入しないことを表しています。
　（ⅰ）「(受取手形受入高)」
　（ⅱ）「受取手形期日取立」
　（ⅲ）「受取手形割引入金」
　（ⅳ）「(受取手形手持高)」「前月の（ⅳ）＋（ⅰ）－（ⅱ）－（ⅲ）」

「受取手形割引入金」がある場合には経常支出の支払利息欄の真下に「割引料」欄を設けます。入金額は、手持高算出の観点から、割引料を相殺しない額面金額とします。

もっとも、「割引料」欄を設けないで相殺額を記載してもいいのですが、手持高の算出に割引料を考慮する必要があります。

⑤経常支出　買掛金支払

買掛金も売掛金と同様、締日と支払日のタイミングは買掛先との支払条件取決めによって異なり、仕入高をタイミングに合わせて区分する必要がありえます。

その場合、図表3-4に例示していませんが、売掛金の場合と同様に、「買掛金支払」欄の真上に該当区分を記載し、「経常支出合計」に含ませないよう括弧書きとします。

予定仕入高については、売上総利益管理表などを参考にして算出します。

製造業・建設業などで製造・工事原価を管理しており一般管理費と比較的容易に区別できる場合には、原価区分である「材料費」「外注費」「労務費」「経費」に分けて計上することが望まれます。

買掛金に準ずる前払金などがある場合には、買掛金の真下に記載します。

⑥経常支出　人件費・税金

a．記載金額を理解する

人件費には主に、「役員報酬・給与・賞与」と、法定福利費としての「社会保険料（健康・介護・年金保険料）」「労働保険料（雇用・労災保険料）が

あります。また、給与などの額面総額に含まれるものの支給時に控除する「源泉所得税・住民税」があります。これらには支払義務者（企業・従業員）のほかに徴収義務者（企業）が存在します。

したがって、会計上、給与などの支給から税金・保険料などの控除・預り・支払といった一連の処理を理解する必要があります。すなわち、会計処理上の勘定科目としては、支給額面総額については「給与」などに、企業負担分の金額については「法定福利費」に、従業員などから税金・保険料を計算上控除して預かった金額については、「預り金」に、それぞれ計上します。

しかし、資金繰り表上では、給与や税金など、どの支出項目であっても、現預金からの支払額を支払時に記載します。理由は以下の通りです。

まず、給与などは支給時である現預金からの支払時に計上すればいいものです。また、給与などから計算上控除し預かった従業員などが負担すべき税金・保険料は控除分と預り分は同額で相殺されるのですが、資金繰りの性格上、給与などの支給時ではなくそれらの現預金からの支払時に計上すればいいものです。そして、給与などの金額の多寡によって決まる企業負担分の保険料も、従業員などの負担分と同時に、誰の負担分かを区別することなく、現預金からの支払時に計上すればいいものだからです。

b．税金・保険料の支払時期

企業が支払うべき税金・保険料は、人件費となるものや給与などに関連するもの以外にも多く存在します。これらの納付期限はまちまちであるため整理することが肝要です。

以下に図表 3-4 に例示した主な税金・保険料の納期限を示しました。

・社会保険料（健康・介護・年金）：毎月末
・労働保険料（雇用・労災）：7/10
（分割納付：7/10、10/31.1/31）
・源泉所得税・住民税：翌月 10 日

（常時10人未満の特例：7/10、1/20）
・納付消費税：税額により中間申告を含め年1、2、4、12回
・法人税・法人住民税・事業税など：決算期後2か月以内
・自動車税・軽自動車税：5月31日
・固定資産税・都市計画税：市町村条例による年4回

　支出項目数が多くなりすぎるといった場合には、別表で整理したうえで、各種税金として一括で記載することもよいでしょう。

　納期限が土日祝日にあたる場合は、その翌日となります。月末納期の場合には翌月となり月をまたぐことに注意してください。

　納期限に納付できず滞納となっていることが少なからず見受けられます。その場合には、税金の真下の欄に延滞額を括弧書で記載します。

　これらの予定支払金額の算出については、売上・利益、固定資産、従業員数など算出基礎に大きな変化がない限り前年対比で増減して算出すればよく、大きな変化があれば比較的積算根拠が明確な項目であるため、積算すればよいでしょう。

⑦経常支出　その他経費

　人件費・税金など以外の経費については、当該企業の特徴を表している金額の大きい費目について独立の欄を設けることがあってもよいのですが、一般的には費目に関わらず、実績の集計と予想の策定の便宜に資するように整理して記載することがポイントです。

　例えば、預金口座振替となっているようなものを「公共料金」「リース料」などとして、自社の一定の支払日に一括で振り込むようなものを「その他経費」として、それぞれ記載といった具合です。

　予定支払金額の算出については、前年対比で増減させることでよいと思われます。

⑧投資収支

　投資収支の中心は設備投資のための設備購入支出です。車両や機械設備などのように定期的な更新が必要なものは必要性に基づき、新規設備の導入計画があるものは当該計画に基づき、算出します。

　設備売却収入については、ゼロか少額が予想されれば無視してもよいのですが、逆に廃棄費用などを見積らなければならないこともあります。

⑨財務収支

　中小企業の場合の財務収支の中心は金融機関からの借入と返済です。

　単に調達と返済という項目のみとするよりは、短期資金と長期資金に区別して記載する方がよいでしょう。金融機関ごとに区別して調達と返済を記載することもありえます。

　役員からの借入がある場合には、上記とは区別し役員借入金として、それぞれの項目を設けるべきです。

⑩注書き

　注書きは提出先に注意喚起するためのものです。資金繰り表においては、特殊な項目の設定がある場合、記載数字の変動に不自然さが残る場合、設備投資に見られるような単発的な多額記載がある場合などに、注意喚起が必要になると思われます。

　注書きが適切になされていると、資金繰り表に対する信頼性が高まると同時に、提出先の経営センスのよさが感じられるものです。

(4) 資金繰り表から推測判断できること

　資金繰り表の記載期間の範囲は、日次資金繰り表が他の資金繰り表を補完するために作成される場合以外において1年間であると述べました。この範囲が決算期ごとの1年間であること、および、収支区分などが8区分であること、これらのもつ意味は重要です。

決算書作成の基となる会計処理は、期間損益適正化の観点から通常、現金主義ではなく主に発生主義によってなされます。

これに対して、資金繰り表では、現預金が出入りする時点で認識・記載されるため、現金主義的考え方によるものといえます。

認識時点の違いからの記載計上のズレはありますが、ズレは、多分1～2か月程度であり、決算期前後1～2か月間の前年対比で特に大きな変動がない限り、1年という期間でならせば、結果として大きなものではないと考えられます。

そこで、以下のような判断がなされていいはずです。

①キャッシュフローの予測

経常収支は、正常運転資金に大きな変動がない限り、営業キャッシュフローに近似します。

正常運転資金は、通常、次の算式によって計算されます。

・正常運転資金＝売上債権＋棚卸資産－仕入債務

投資収支は投資キャッシュフローそのものといっていいでしょう。

そうすると、経常収支と投資収支の合計は営業キャッシュフローと投資キャッシュフローの合計からなるフリーキャッシュフローに近似することになり、記載期間範囲でのフリーキャッシュフロー計画が推測され、金融機関にとって、融資金の返済財源の把握に繋がります。

②経常損益の予測

記載期間範囲での損益計画も推測されます。

経常収入欄に括弧書きで記載された売上高合計額と売掛金回収額（受取手形がある場合は受入高も）を見てください。前者は1年間の売上高予想となり、前者と後者の差は売上高に関する先述のズレにあたります。

経常収支計に反映されていない損益科目にキャッシュアウトのない減価償却費と貸倒引当金などの引当金の戻入・繰入がありますが、後者はあったと

しても通常無視してよいほどの金額ですから、経常収支計から前者の減価償却費を控除すれば経常損益に近似します。

キャッシュアウトのない特別損益や、消費税、中間納税、前期分法人税などの支払を考慮すれば、税引前・後の当期利益も予測できます。

③粉飾処理への牽制または粉飾疑念の浮上

粉飾行為が行われる時期としては、決算月後で税務申告期限（決算後2カ月または延長の場合3か月）の前であることが多いと思われます。一部には決算期の少し前から準備していることもあるかもしれません。しかし、期初または期中から計画や準備をしていることはほとんどないでしょう。少なくとも、処理まではしていないでしょう。

ａ．粉飾処理への牽制

決算期近くになって資金繰り表を作成する場合には、実績を記載しなければならない期間範囲が多くなり、予定を記載する期間範囲は1～2か月程度となっているでしょう。

この時点で経常損益の実態が減価償却費の額を超えるような損失となっていれば、経常収支の実態もマイナスとなっているはずです。資金繰り表上もそうであれば、決算予想を質問して、損失はない旨の返答は不自然です。

逆に、経常収支の実態をプラスであるように見せかけるには、残された少ない予定記載期間範囲において、収入を過大記載する、支出を過小記載する、その両方をする、のいずれかの手段を採る必要があり、不自然さが残ります。

それ故、粉飾処理を行うことが牽制されます。

ｂ．粉飾疑念の浮上

経常損益がプラスの決算書が作成・提出されたとします。経常損益の実態が減価償却費の額を超えるような損失となっていれば、経常収支の実態もマイナスとなっていることは上述した通りです。

決算書作成後に各月がすべて実績記載となる資金繰り表を作成する場合を考えると、経常収支の実態をプラスであるように見せかけるには、上述と同様の手段を採り、以前に提出した予定記載部分と大きく違うものとするか、加えて実績部分をも変えるか、いずれかの処理をせざるをえなくなり、不自然なものとなります。

　この不自然さの説明を慮ると資金繰り表の作成はできなくなりますし、資金繰り表を作成して説明したとしても粉飾の疑念が浮上します。

④設備投資・資金計画の把握

　元来、資金繰り表は、借入、特に短期運転資金の融資申込みに対して、金融機関が融資実行の必要性と返済時期の確認の判断をするために要請して、作成されるものでした。

　しかし、昨今は、金融機関が、これに加えて今まで述べてきたような様々な効果を期待して、作成されるようになってきています。

　投資収支・財務収支を見ることにより、設備投資・借入などの資金計画の存在を知ることもその一つです。

（5）もたらされる「気づき」

　上述のように、資金繰り表を見る側が適切に判読することにより、多くのことが見えてくるのですが、作成する側にとっても、上述したこと以外に多くのことに「気づく」ことになります。

①経常収入から

　「売掛金回収」欄を記載するために、売上高を「翌月入金分売上高」「翌々月入金分売上高」などに区別し「受取手形受入高」を把握していく過程で、入金サイトの長い取引先の先数や金額が明確になります。資金繰りを重視する企業は、これに対する対策を考えるはずです。

　例えば、サイトの短縮を要請する、営業活動・生産・供給の優先順位を他

社にシフトする、見積り単価を高めにする、一定限度のクレジットラインを設定する、信用調査の如何により取引を停止する、などです。

また、売上高が前年比で低迷することを感知した場合には、本章第1節や第2節で述べたような管理へと繋げることになります。

②**経常支出から**

経常支出には多くの販管費が記載されますが、記載する過程で販管費の支出内容を精査することになり、冗費の存在に気づくことが多々あります。

特に、ある月で繰越金がマイナスになることを感知した場合には、販管費の精査志向は一層高まります。

製造・工事原価を「材料費」「外注費」「労務費」「経費」に区分ごとに記載している場合も、原価の精査について同様となります。

③**投資・財務収支から**

何らかの設備投資を計画している場合、資金的な可能性や資金調達方法について検討する契機になります。

また、フリーキャッシュフローが予測できることにより、それがマイナスとなりうる時期があることを感知した場合、運転資金確保の必要性を認識し、その推移に関心を持つことになります。

第4節　融資に繋げるための最終工程

1．最終評価に至らないケースがあることを覚悟する

（1）事業性評価段階の途中で

　第1章第2節で対象企業の選定について、債務者区分からの選定方法に加えて企業の個別事情を勘案することを述べました、すなわち、経営改善意識の高い企業、速やかに資料を提出する企業、後継者らしき人物がいる企業を優先して選定するということでした。

　また、第2章と本章で、対象企業選定後に、面談前に準備資料を作成し、自分なりの仮説を立てて対話に入ることや、売上総利益（原価）管理表など3種類の資料の作成について述べました。この3種類の資料は仮説の検証にも資するものです。

　しかし、これらの過程のどこかで対話が頓挫することがあります。対話が順調に進んでいても必ずしも最後の資料の作成に至らないこともありえます。

　もちろん、粘り強く対話を続ける努力はすべきでしょうが、種々の事情により断念せざるをえないことがあります。自社存続の悲観的観測を変えるまでには至らなかったことも事情の一つであると思われます。このことを最初から想定しておいてください。時間の無駄であったとは考えずに、これも勉強であって、一つの見直しであると考えてください。

（2）狭義の事業性評価の最終段階で

　選定企業には「正常先下位」もあるでしょうが、ボリュームゾーンである「その他要注意先」や「要管理先」が多いと思われます。程度の差はあれ経営に

何らかの問題を抱えている企業です。

　対話が順調に進み、要請した資料も作成されて、企業の現状把握ができたとしても、「気づき」が得られないなど種々の事情で、企業の将来事業性が悲観的であるとの判断に至ることがありえます。このことも最初から想定しておいてください。

　狭義の事業性評価自体は、残念な結果ではあったものの、行うことができました。しかし、広義の事業性評価である、企業の経営改善や「目利き能力の発揮による企業の事業性評価を重視した融資」いわゆる「事業性評価融資」には至らなかったことは確かです。

2．不適切な会計処理（粉飾決算）を把握して改善の道を探る

(1) 財務実態把握の必要性

　これまで定量的なデータを契機として、その背景にあって裏付けるような定性的な部分を把握することについて述べてきました。このことは定量的なデータの真実性が前提にあります。その代表例は決算書です。

　しかし、不適切な会計処理によって作成された決算書が極めて高い割合で存在しており、決算書が実態に適合しているかを見極める必要があります。

(2) 不適切な会計処理の例

　以下に、筆者が実際に経験した不適切な処理を例示しました。意図的とは思われないものもありますが、逆に意図的で悪質なものもあり、行為態様・程度は様々です。

　まず、棚卸資産の過大計上があります。運転資金不足のために棚卸資産が減少しているのに、適正な金額で計上していないものが非常に多くあります。

　売上債権の過大計上があります。意図的な売上の架空計上に伴うものや、不良債権処理をしていないものがありますが、後者が多いようです。

　買入債務の過少計上・未計上があります。期間損益計算上、費用収益を対

応させない処理に伴うものや、簿外債務とするものがあります。

簿外債務には税金などの滞納分を未払金計上していないものもあります。

有形固定資産で減価償却不足となっているものや、売買目的有価証券を時価評価せず、取得価格のまま計上されているものがあります。

(3) 不適切な会計処理の判別

金融機関等の職員としては、財務デューデリジェンスを自ら行うことはできないのですが、確定申告書や資金繰り表などの資料を含めて分析すれば、判別ができたり、異常を認識する場合が多々あります。

例えば、減価償却不足については、申告書の償却資産の項目から直ちに判別できます。時価評価についても、時価を調べれば判別できます。棚卸資産については、「現場」「現物」の観察によって判別できる場合があります。

その他、資産の過大計上については、負債とのサイトを考慮したバランスや回転率の分析から異常を認識できます。

問題は簿外債務です。税金などの滞納については、証明書・領収書で確認できますが、買入債務の過少・未計上については、サイト自体が延長されてしまうと、資金繰り表から異変を認識できる場合以外は、かなり困難です。

簿外債務のうち損害賠償額については、請負作業などでよくあるのですが、業務上のミスが原因で係争案件となっている場合です。売上債権の未回収が長期化している場合には、それを契機に長期化の原因を質問すれば係争内容を認識できるでしょう。

(4) 不適切処理の確認

資料を分析して数値の異常を認識した場合、適切な処理か否かを質問することになります。

筆者の場合、指摘した数値について、当該経営者は正直に話してくれます。ただし、金融機関などに対して実態を開示することは、守秘義務の観点から、了解を得る必要があります。現状を正しく把握してこそ改善の道があること

を説明し、了解を得ています。

　しかし、金融機関等の職員の場合、全容を開示すれば次回からの融資が途絶することを恐れ、当該経営者は正直に話してくれるかは定かではありません。一部のみの開示に留まるかもしれません。信頼性が構築されているかに関わることでしょう。

3．資金使途別融資案件へのアプローチ法

（1）クロージングに際して

　これまで対象企業と何度か面談し対話を重ね、各種の資料の作成・提出があり、経営課題や解決への糸口が掴めてきました。狭義の事業性評価の最終段階となりました。

　本章第1節において、ヒヤリング項目シート、事業性評価シート、ビジネスモデル俯瞰図からなる、いわゆる3点セットを事業性評価の報告のために義務づけている金融機関等でも記載事項を順番に質問してシートを埋めることは、やってはいけないこと、この問題は後で簡単に解決する旨、を述べました。

　クロージングともいうべき段階で、それまで質問をしなかった報告必須の項目について、質問すればよいのです。この段階では、質問項目も少なくなっているでしょうし、面談相手の経営者とは信頼関係が構築されつつあるため、報告上必須であることを告げれば、喜んで応じてくれるでしょう。

　3点セットに関わらず、企業の将来事業性が悲観的でなく、将来性はありうるとの狭義の事業性評価が自分なりにできれば、後は融資に結びつけられるかの問題となります。以下も金融機関の職員向けの内容となりますが、商工会議所や商工会の職員の方にも有益であると筆者が思っている情報を含んでいますので、引き続きお付き合いください。

（2）設備投資資金案件へのアプローチ

　設備投資とは、有形固定資産である、工場や事務所・店舗・倉庫などの建物建設、機械・器具などの設備購入、無形固定資産である、コンピューターソフト開発や特許権などの知的財産権などに資金投入することです。

　設備投資の目的は、生産設備の新設・更新・補強、生産能力増強、合理化・効率化・省力化、省エネ化、情報（共有）化などによって、企業業績を向上させることにあります。

　設備投資案件にアプローチするためには、2つの方法が考えられます。

　面談相手側からの情報開示と評価者側からの掘起しです。

①情報開示

　面談中に、経営者が自ら話すのを聴くことのほか、設備投資計画について質問をして、あるいは資金繰り表などの資料に記載されていることを契機に情報を得るか、いずれかです。

　製造業、建設業、ホテル・旅館業においては、設備投資は必要不可欠といっても過言ではないため、日常的に話題となりえます。流通業、飲食業においては、店舗や倉庫などを比較的頻繁に設置・改装している企業でも同様です。

②掘起し

a．「現場」「現物」から

　まず、事務所・店舗・工場・倉庫などを見学して、「現場」「現物」に接した際に、狭い、暗い、老朽化している、手作業が多いなどの状況を見て、新設・更新の必要性を感じた場合です。

　融資案件とするには、設備投資を織り込んだ狭義の事業性評価ができることが前提となりますので、必要性を感じただけの段階では慎重に対応し、仮定あるいは条件付きでの展開に留めつつ、対話を重ね資料を提出してもらい、前述の設備投資の目的である業績向上に繋がることを確認できたクロージング段階で本格的な検討に入ることになります。

b．連続比較要約財務諸表などから

連続比較要約財務諸表で、何年間分の売上原価金額や多額の販管費および売上構成比（または原価構成比・販管費構成比）の推移と業界平均が確認できます。

製造業・建築業などでは、「材料費」「外注費」「労務費」「経費」が製造原価報告書で区別されて計上されます。長年金額・業界平均対比での構成比が高くなっている費目に着目します。

例えば、「外注費」と「労務費」です。「外注費」が高い場合、外注に出している業務を内製化できないかを検討します。「労務費」が高い場合、人員に過剰がないか、効率化・省力化できないかを検討します。「外注費」「労務費」がともに高い場合、過剰人員を活用して内製化できないかを検討します。

内製化や効率化・省力化するためには、多くの場合設備投資が必要となります。設備投資の効果が期待でき、将来の事業性評価が確認できれば、融資に直結することになるでしょう。

製造業や建設業以外の業種でも、一般的に構成割合の高い人件費や企業特有の高い構成比となっている費目に着目します。

例えば、システムを導入することによって、製造業などと同様に、効率化・省力化することができないかを検討します。

設備投資をする場合、導入設備を稼動させるための機械操作技術の習得などに時間・労力がかかる場合があります。そのため、導入準備期間が適切に見積もられているか、導入支援体制が万全となっているかについて留意する必要があります。

（3）運転資金案件へのアプローチ

運転資金とは、設備資金以外の資金であって、会社を維持・運営するための資金です。運転資金には、正常運転資金、増加運転資金、決算納税資金、賞与資金、つなぎ融資などが代表例です。減産資金、滞貨資金、赤字資金などの後ろ向き資金もあります。

①情報開示

面談中に、経営者が自ら話すのを聴くことのほか、資金繰り表などの資料に記載されていることを契機に情報を得ます。

②掘起し

売上原価を下げ売上総利益を向上させる対策として、仕入先、購入先、外注先などを変更することが考えられます。変更すれば効果は出るが、支払サイトが短くなる場合です。

ただし、購入ロットが大きくなる、納期が遅れるなどにより、手持ち在庫が過剰とならないように留意する必要があります。

販売時期または繁忙期などの特殊要因をもつ企業に適切に対応することによって運転資金の必要性が理解でき、業績向上に繋がると考えられる場合です。

第4章

実践事例から学ぶ
具体的な事業性評価

第1節 製造業の経営改善事例
—高齢化が進む金属製品製造会社—

(1) 企業概要・経緯

　当社は、先代が東京都において昭和19年に創業、昭和27年に法人化した株式会社です。東京郊外に昭和63年第一工場（旧工場）を、平成10年第二工場（現工場）を隣接しています。

　当社の事業内容は、金型生産に適さない多品種少量の金属製品を精密加工するもので、全売上高の50％以上が大手電機メーカーに対するものです。

　製造工程は、EDI（電子データ）などで受けた受注をCAD/CAMで作成した設計データに基づき金属板をNCターレットパンチ・プレス加工機などで鈑金・成形加工し、NCベンダーで曲げ加工します。

　鈑金・曲げなどの加工後に溶接加工した部品にねじ止めなどを行い、ユニットを組立て、各種装置を実装して、最終検査を施して出荷しています。

　現工場は、NC化、自動化が先進的になされ、40台弱の最新主要設備を有しており、特に自動化倉庫は中小企業としては稀有なほどに完備されています。

　従業員は、製造部28名（うち60歳以上4名）、品質保証部6名、業務部6名（うち営業3名）、合計40名でした。

　当時代表取締役社長が高齢で会社に出社することが減り、同業界に経験のない子息が後継者として入社して事業承継が予定されていました。

　当社とのかかわりは平成28年に中小企業再生支援協議会から事業性評価兼経営改善報告書策定を委嘱されたことが契機でした。

(2) 外部環境・業界動向

　同社の業績は主要取引先である大手電機メーカーの動向に大きく影響を受

けます。かつて、大手電機メーカーは、半導体とテレビ分野で世界市場を席巻していましたが、今や見る影もない状況です。

近年、大手電機メーカーの生産拠点の海外移転化が進み、当社においても国内需要減少による単価下落に苦しんでいました。

(3) 連続財務諸表

図表2-7の連続財務諸表は当社のものです。

当社の製造原価に着目すると、対売上高外注費の割合が高い状況でした。対売上高労務費・人件費の割合も高く、対売上高労務費・人件費率は40人以下製造業の平均が33.4％であるのに対して、当社のそれは37.1％でした。

当社の従業員1人あたりの売上高（売上高／人）は製造業平均13.9百万円に対して11百万円強と低い状況でした。

(4) 立てた仮説と質問点

当社のように売上高に比して先進的設備が完備されている企業では、営業よりも生産に重点を置いている傾向が見られます。当社の場合には、社長の高齢化と出社の減少も大きな問題要因です。

これらの点から、
①営業担当の従業員の営業力が弱く、営業管理が不十分で、
②労務管理も適切にされていないであろう、と仮説を立てました。

①については、組織図を提出してもらい、組織体系を踏まえて営業活動について質問しました。

②については、労務管理の不適切さは時間外労働に顕著に現れますので、時間外労働状況について質問しました。

さらに、当社の工場がNC化、自動化が先進的になされていて、40台弱の最新主要設備の稼動状況に問題がなければ、対売上高労務費・人件費の割合が平均以上で、売上高／人が平均以下であるのは、単純に売上高に比して従業員数が多いからであろうと推測しました。

そこで、工場を見学して設備の稼動状況を見て質問したところ、特に問題がないことを確認しました。

(5) 窮境原因

窮境原因は次の通りです。

当社の労務管理も緩い傾向にあり、例えば、各月の時間外労働手当が繁閑に関わらず500千円を超えていました。

当社の営業活動において、新規先開拓は受動的な紹介によるものはありますが、積極的な活動がなされていない状況でした。営業員数も3名で配送業務に時間の大半を費やしていました。

当社が同業他社に先駆けて工場をNC化・自動化したのに、生産性／人が低いため、受注単価減少に対応できず、既存先深耕も新規先開拓も十分には進みませんでした。

これら窮境原因の本質的な要因は、社長の高齢化により出社日数が減少したため、外部環境変化に対応して社内変革を企図し社員の行動を誘導できなかったことにありました。社長の面談対応から、社長の経営的な資質は、高齢化がなければ外部環境変化に対応できたほどに充分にあると推測できたからです。

(6) 事業性評価（経営課題・解決策提示）

①売上総利益拡大策

受注単価の下落による売上総利益率の低下に対応するために、製造原価を引き下げ売上総利益を確保する必要があり、以下の対応策を実施することにしました。

- 生産性向上を目指して、現在40名の従業員のうち高齢者を4名削減して36名の体制とし、多能工化をこれまで以上に推進しつつ労務管理を徹底する。
- 真空洗浄機（35百万円）を導入し、3名の要員を配置替えして表面処理

の大半を内製化する。

②営業強化による売上拡大策

受注件数を増やし売上高を増加するために、営業力を強化する必要があり、以下の対応策を実施することにしました。

・配送兼務の体制を見直して営業員を既存先深耕・新規開拓に専念できる組織としつつ、1名を製造部などから配転し技術営業化して3名体制とし、営業管理を徹底する。
・後継者と営業部が連携して、地域・業界・企業規模を勘案しつつ新規開拓先をインターネット・職業別電話帳検索などによりリストアップして対象顧客を定める。外注・購入先を含めた取引先などの紹介を掘り起す。ウェブ・パンフレットを活用した企業紹介を行い対象顧客に対してアプローチする。
・レーザー溶接機（35百万円）を導入する。レーザー溶接の需要状況を調査しつつ対象顧客を選定して売上拡大に繋げる。
・社長・専務と後継者が綿密に連携して、経営方針を社内に徹底し、また社内外の情報収集を積極的に行う。

（7）フォローアップとその成果

現在40名の従業員のうち高齢者を4名削減して36名の体制としました。また、専務と後継者が労務管理を徹底して行った結果、時間外労働は繁忙期のみとなり大幅な削減となりました。

このような人員体制の見直しと労務管理の徹底により、製造原価が1千万円以上削減されました。

営業管理の徹底も同時に行われ、既存先深耕により売上高も向上しました。その結果、次年度には黒字転換しました。

第2節　建設業の経営改善事例
　　　　―新築住宅内見会を軸とした中小工務店―

(1) 企業概要・経緯

　当社は、東北地方で、十数年前に現社長が営業職として働いていた勤務先が倒産したことを契機に創業を決意し設立した戸建て木造住宅建築を請負う工務店です。資本金3百万円、役員2名、従業員4名、年商2億4千万円（平成29年）でした。

　設立後まもなく住宅フランチャイズチェーンに加盟しました。ZEH（ネット・ゼロ・エネルギー・ハウス）の建築を主力に行っており、当社が請負う新築住宅の半数以上に太陽光発電システムを設置しています。

　当社の営業地域は県庁所在地の南部一帯と2つの隣接市町です。

　近隣の遊休敷地に、平成26年（27年1月期）にはモデルルームを建築し、平成27年（28年1月期）にはかなりの規模の太陽光発電システムを設置しています。

　平成30年に認定支援機関による経営改善計画策定支援事業において早期経営改善計画書を策定したことを契機に、その後顧問に就任しました。

(2) 外部環境・業界動向

　戸建て住宅建築業界は、大和ハウス工業や積水ハウスなど全国規模で展開する大手のハウスメーカー、飯田グループなど低価格建売住宅を販売するパワービルダー、地域密着型の工務店の3つに大きく分けられます。

　地域密着型の工務店には、大工の棟梁出身のもの、営業を中心とするもの、元来設計事務所で施工も行うもの、などがあります。営業中心の工務店のなかには技術力を補完するためフランチャイズチェーンに加盟するものも多いようです。

国土交通省の発表によると、2017年度の新築住宅着工戸数は94万戸強となっています。人口減少に伴い今後の着工件数は減少することが予想されています。

(3) 連続財務諸表

設立当初からの連続財務諸表を作成しました。ただし、例示では紙面の都合で6期としています。図表4-1に示します。

当社は設立から十数年経過しているため、設立時期から作成しました。しかし、設立時期から一度も2期以上連続の黒字の時期がありませんでした。純資産はマイナスすなわち債務超過の状態となっていて、しかも、年々債務超過が拡大しています。

この場合、当社の経営は事業として確立していなかったともいえるかもしれません。

(4) 立てた仮説と質問点
①最初の仮説

図表4-1を見てください。

平成27年1月期に、固定資産と繰延資産の合計で30百万円弱増加しており、長期借入金が40百万円弱増加しています。

ちなみに、同年の純損失が11百万円となっており、同年の資産の増加と純損失の合計額は40百万円に達しています。

この額は、長期借入金の額にほぼ符合しており、長期借入金で補填したものといえます。

平成28年1月期に、減価償却費と営業外費用が、それぞれ急増しています。また、営業外収益も増加しています。

以上のことから、長期借入金による固定・繰延資産購入により償却負担と営業外費用である支払利息負担そして返済負担が大きくなったと推測しました。

図表4-1　連続財務諸表

		年度（平成）	25/1	26/1	27/1	28/1	29/1	30/1
	売上高	売上高	234,093	293,392	256,343	308,425	242,516	190,660
		材料費/売上	30.9%	42.1%	35.6%	39.7%	32.7%	37.4%
		外注費/売上	43.7%	33.7%	39.7%	37.1%	44.2%	39.7%
	売上原価	売上原価	178,974	227,126	197,475	241,832	190,304	149,501
		材料費	72,364	123,376	91,352	122,507	79,372	71,337
		労務費	114	177	139	113	255	0
		外注費	102,356	98,773	101,821	114,287	107,244	75,637
		経費	4,140	4,800	4,163	4,925	3,433	2,527
		減価償却費	0	0	0	0	0	0
		その他	0	0	0	0	0	0
	売上総利益		55,119	66,266	58,868	66,593	52,212	41,159
	売上高総利益率		23.5%	22.6%	23.0%	21.6%	21.5%	21.6%
販管費	人件費	役員報酬	6,000	6,100	6,120	6,120	6,120	5,004
		給料手当	23,638	24,611	24,300	23,276	26,206	21,864
		賞与	3,050	2,700	2,620	3,000	2,000	1,250
		法定福利費	5,257	5,469	6,077	5,393	6,363	4,424
		その他	783	720	605	546	988	998
		人件費/売上	16.5%	13.5%	15.5%	12.4%	17.2%	17.6%
	その他販管費	減価償却費	2,047	1,477	3,701	6,427	7,459	6,468
		広告宣伝費	7,231	9,614	10,705	11,191	8,756	7,635
		フランチャイズ	1,400	2,400	2,400	2,400	2,400	2,400
		その他	12,290	12,608	14,407	14,466	13,838	12,952
	販管費合計		61,696	65,699	70,935	72,819	74,130	62,995
	営業利益		-6577	567	-12067	-6226	-21918	-21836
	売上高営業利益率		-2.8%	0.2%	-4.7%	-2.0%	-9.0%	-11.5%
	営業外収益		742	337	1,972	3,348	5,449	5,586
	営業外費用		378	452	953	1,849	2,144	2,620
	経常利益		-6213	452	-11048	-4727	-18613	-18870
	売上高経常利益率		-2.7%	0.2%	-4.3%	-1.5%	-7.7%	-9.9%
	特別利益		0	0	0	0	0	28,000
	特別損失		0	0	0	0	0	0
	税引前当期純利益		-6,213	452	-11,048	-4,727	-18,613	9,130
	法人税等		82	83	82	82	82	82
	税引後当期純利益		-6,295	369	-11,130	-4,809	-18,695	9,048
	備考					雑収入 3,344	雑収入 5,446	債務免除益 28000

	比較BS	25/1	26/1	27/1	28/1	29/1	30/1
	流動資産	95,771	138,028	106,111	110,769	90,039	64,946
	固定資産	3,876	8,858	29,589	38,489	34,930	31,605
	繰延資産	1,580	1,220	10,466	8,048	5,629	3,431
	資産計	101,227	148,106	146,166	157,306	130,598	99,982
	流動負債	113,360	140,109	109,810	123,446	107,268	103,861
	固定負債	32,555	52,316	91,805	94,119	102,283	66,026
	（うち長期借入金）	32,555	52,316	91,805	94,119	102,283	63,983
	引当金	0	0	0	0	0	0
	純資産	-44,688	-44,319	-55,449	-60,259	-78,953	-69,905
	自己資本比率	-44.1%	-29.9%	-37.9%	-38.3%	-60.5%	-69.9%
	負債・純資産計	101,227	148,106	146,166	157,306	130,598	99,982
		0	0	0	0	0	0

②質問点と事実把握

　資産の増加について質問して以下のことを把握しました。

　モデルルームを建築して繰延資産として計上し、平成27年には太陽光発電システムを設置して固定資産として計上しました。これらの建設資金として当初借入金39百万円を15年償還で毎年返済額2.5百万円の長期借入金として借入しました。

　営業外収益は太陽光発電による売電収入で、年間5百万円にのぼることが分かりました。

　そうすると、少なくとも太陽光発電に関しては償却負担、支払利息負担、返済負担が大きいとした当初の仮説は崩れました。もっとも、モデルルームに関してはさらに質問を継続しました。

　モデルルーム建築以前は、新築の施主との交渉により新築後数日～数か月間モデルルームとして活用する分それに見合う価格で新築請負契約を締結するということを何回か繰り返していました。

　ところが、フランチャイザーの方針に従い自前のモデルルームを建築したのです。建設当初はモデルルーム見学会を開催して集客することが可能であったのですが、建設後2年も経つと集客がほとんどできなくなったようです。当社の営業地域は県庁所在地の南部一帯と2つの隣接市町ということで、それなりに広域です。

　直近2期以前の12期間の平均売上高は2億8千万円です。新築一棟の平均請負金額は26百万円、平均新築数は年間9棟程度で、合計新築請負金額は2億3千万円強だということです。他に営繕工事（リフォーム工事）が平均4千万円程度あります。

③次の仮説

　ある程度広域となっている営業地域のなかで年間新築数が9棟程度しかないような中小零細工務店が、特定の地区にモデルルームを建築し、見学会をそれのみに依存して行うことには大きな問題があります。

広域営業地域の一地域である特定地区で見学会を開催しても遠方からは集客し辛く近隣住民しか集客できません。何回見学会を開催しても潜在顧客は何度も来ることはありません。心理的に陳腐化するからです。

年間新築数が少なくとも数十棟あるのであれば、陳腐化した物件を低価格で販売するなどして償却することも可能です。しかし、少ない新築棟数では新築1棟当たりのモデルルームの償却負担が大きく採算割れとなってしまいます。

また、当社の販管費支出の特徴の一つとして広告宣伝費が売上高比で過大であり、平成27年1月期で4.1％強、平成28年1月期で3.6％となっています。

このことから広告宣伝費の費用対効果に問題があるのではないかと推測することができます。そこで、陳腐化しつつあるモデルルームの存在と広告宣伝費の過剰支出からは次のような仮説を立てました。

モデルルーム見学会を開催するため、あるいは見学会の集客に期待をもてなくなった当社が見学会以外の広告のために広告宣伝費の過剰支出に及んだのではないか。

③次の質問

モデルルーム見学会について、最初のうちは近隣に見学会開催のチラシを打てばそれなりに集客できて成約に繋がったのですが、徐々に集客できなくなったため、以後は見学会開催は見合わせていて、代わりに種々の住宅関連雑誌に広告を掲載したものの、あまり効果は出なかったようです。

（5）窮境原因

窮境原因を以下に整理しました。

①営業・原価管理の不備による創業時からの低い売上総利益率

連続財務諸表の箇所でも指摘した通り、当社は設立時期から一度も2年以上連続の黒字の時期がありませんでした。設立期から資料が残っていない3

期と直近4期を除いた10期間の平均売上高は2億8千万円で売上総利益率は22％程度で推移しています。

当社はフランチャイザーの方針に従い、売上総利益率を25％以上とする目標をもっていました。ちなみに、日本政策金融公庫が発表している小企業の経営指標調査によると、木造建築工事業の平均売上総利益率は26.2％です。

仮に2億8千万円の売上高に対して目標の25％の売上総利益率を維持できていたとしたら売上総利益は3ポイント分の8百万円強増えており営業利益は確保されていたはずです。

しかし、原価管理すなわち実行予算書の作成は一応なされてはいましたが、その管理は杜撰でした。積算段階では費用の一部が抜け落ちていた例も、実行段階では追加工事分が請求されていなかった例もありました。

このような状況は、営業管理の不備でもあります。営業担当者は失注を恐れて敢えて売上総利益を下げて見積書を提出していたようです。コミュニケーションが十分採れていれば、このような事態は回避されていたはずです。

②販管費（人件費・広告宣伝費）管理の欠如
　a．不相応な役員報酬

当社は、上述の通り、営業損失を計上しているにもかかわらず、少なくとも資料が残っている設立4期目から役員報酬を利益状況に見あわないという意味で比較的多額に支出し続けていました。そして、資金繰りに支障が生じた時点で役員借入金として会社に戻していました。

第3章第1節で述べた通り、役員報酬を多額に出した結果、資金繰りの穴埋めに役員借入金として会社に戻すように拠出するのは、所得税、住民税、社会保険料などの余分な出費となります。

　b．適切な効果検証のない広告宣伝費支出

前述の通り、当社の広告宣伝費は売上高比で過大でした。しかも、広告宣伝費の費用対効果を検証していなかったと思われます。問い合わせや受注に至った経緯を適切に記録し、その後の広告媒体選定の検討に資していなかっ

たからです。

③自社モデルルーム建築後の受注パターンの動揺

平成27年1月期にモデルルームを建築しています。

上述の通り、営業地域の各地区において新築の施主との交渉により新築後数日〜数か月間モデルルームとして活用するといった従来のやり方を特定地区の特定のモデルルームのみでの見学会開催に変更していました。

近隣に見学会開催のチラシを打って集客して成約に繋がったのは最初のうちだけでした。その結果が図表4-1の直近4期の売上高と営業損失に現れています。

図表4-1には紙面の都合上割愛されていますが、直近4期以前の10年間の平均売上高は2億8千万円で、平均営業利益は△4百万円強でした。

平成27年1月期と28年1月期の2期の平均売上高は2億8千2百万円、平均営業損失は9百万円強でした。

平成29年1月期の売上高は2億42百万円、30年1月期の売上高は1億9千万円と激減し、平成29年1月期と30年1月期の営業損失はともに21百万円強に膨れ上がっています。

(6) 事業性評価 (経営課題・解決策提示)
①内覧会中心の受注パターンの確立
a．新築住宅などでの内覧会の開催

当社自前のモデルルーム依存の反省から、新築または大規模リフォームの施主との交渉により施主入居前に内覧会を開催して潜在顧客を集客するという受注パターンを確立することにしました。

当社の年間新築棟数は9棟程度ですから、うち半数程度で内覧会開催を要請して年間4回以上開催することとし、開催場所は特定地区に偏らず営業地域内を満遍なく行うことにしました。同一地区で連続して行っても回を重ねるにつれ集客度は落ちてくるからです。

内覧会開催前には内覧会用のチラシを作成して新聞折り込みやポスティングで配布することにしました。

b．顧客リストの作成

従来からの顧客・知人や問合せなどがあった潜在顧客をまとめたリストがDM用に作成されていました。

この顧客リストを担当者別・地域別に別途作成しました。

担当者別に作成するのは、潜在顧客に対して誰が担当者であるのかを明確にするためです。地域別に作成するのは、訪問時間の効率化のみならず、下記の通り、地域性を重視した内覧会案内を見据えたからです。

c．訪問営業活動

上述の顧客リストを基に担当者が潜在顧客を訪問することにしました。訪問時期は内覧会開催前です。開催する内覧会の地区に居住する潜在顧客に対して内覧会参加を要請することにしました。

問合せのみで以後の交渉にまで進まなかった先でも、進まなかった理由が建築のタイミングにズレがあったからかもしれません。また、他社で建築していたのであれば、その理由を聞けば教えてもらえるかもしれません。その理由によっては反省材料となり、その情報を共有化することになります。

d．紹介受注の促進

当社の物件受注の経緯として既存の施主や業者・知人からの紹介が多いのが特徴です。当社の強みともいえます。

そこで、紹介キャンペーンを積極的に行うことにしました。特に、内覧会開催前に内覧会開催地の近隣に住む知人や近隣住人を知っていると思われる知人などを訪問して紹介要請を行うためです。

②売上総利益の拡大

 a．受注管理の徹底と選別受注

　受注管理は受注実績予想一覧表を作成して行うことにしました。受注実績予想一覧表を記載する期間範囲は、決算期の1年間です。

　第3章第3節で述べた通り、これには、「受注」を重視して受注日基準で期初からの期末までの受注を記載する方法と、決算書の売上高と比較する目的のために売上計上日基準で売上計上となる期初から期末までの完成・完納などを記載する2つの方法があります。

　当社の場合、決算書との比較・一致を重視して後者としました。また、新築と営繕を区別して表記しました。それぞれの受注件数を明確にするためです。

　受注実績予想一覧表に記載する時期は、単なる問い合わせの段階を過ぎ見積書を作成するような段階に至ったと判断した時です。

　内覧会を中心とした営業活動が進めば、内覧会参加者や問合せが増加し、見積書を提出できる潜在顧客も増加するはずです。

　このような受注パターンが確立されれば、比較的多くの見込客が存在することになります。そうすると、失注を恐れて比較的少ない見込客を逃さないように低い価格の見積書を提出するといった従来の心理状態は解消され、何割かは失注となっても構わないといった心理状態が形成され、適正な価格・条件での受注ができます。

　選別受注は見込客が増加してはじめて可能となるのです。

 b．原価管理の徹底

　当社の原価（実行予算）管理は杜撰でした。選別受注ができて適正価格での受注が増えれば原価管理も比較的容易になります。積算段階での費用の心理的な過少記載もなくなり、また、実行段階での追加工事分も請求しやすい心理状態になるからです。

　原価管理の方法として、個別工事毎に実行予算書を作成することに加えて、

新築と営繕を区別して一覧性のある工事台帳を作成することにしました。新築と営繕を区別するのは、営繕の売上総利益率を高くすることに意識を向けるためです。

営繕の場合には、新築物件と比べると、売上高のわりには訪問回数などが多くなり、その分一般管理費がかさみます。したがって、売上総利益率を高くしなければ、採算が採れません。

当社の場合も、売上総利益率に新築と営繕とで大差がありませんでしたので、これを改善することにしました。営繕の場合には、相見積となることは少なく、1社単独見積りがほとんどですから、比較的売上総利益率を向上させることが容易なはずです。

③販管費の削減と広告費用効果管理

利益状況に見あわなかった役員報酬を大幅に削減することにしました。その結果、法定福利費においても大幅な削減効果をもたらすことになりました。

売上高比で過大な広告宣伝費については、広告媒体管理表を作成して管理することにしました。広告媒体管理表、広告やチラシを出すたびに、広告媒体・金額・発行（掲載・配布）地域・発行部数・顧客名・内容などを記載するものです。

これによって、費用対効果を検証し、次回以降も当該広告媒体を継続するのか、発行・掲載・配布地域や部数を今後どうするのかを検討するのに資するものになります。

（7）フォローアップとその成果

次年度には新築住宅での内覧会を年間4件行いました。その結果、次年度の内覧会による新築受注件数は年間5件にまで増えました。紹介された顧客からの受注も引き続きあって年間6件となり、合計新築受注件数は11件にまで伸びました。

新築完工棟数も年間11棟となり、平均の9棟を上回りました。

ただ、営繕工事は低調に推移しました。その結果、売上高は平均の2億8千万円程度となりました。

売上総利益率も向上し、販管費削減効果と相まって次年度は黒字化しました。

第3節　建設業の民事再生事例
―2社が合併した中堅ゼネコン―

(1) 企業概要・経緯

当社は、関東地方で、公共土木工事を主に請負う会社と公共・民間建築工事を請負う会社の2社が合併した地方ゼネコンです。資本金50百万円、役員4名、従業員60名、年商25億円（平成22年当時）でした。

合併前それぞれの会社の代表取締役2名が、合併後には代表取締役社長、代表取締役会長に就任しています。工事部門は上記合併前からの2部門を引き継ぎ、社長が土木工事部門を、会長が建築工事部門を統括しています。

資金繰りに行き詰まっているとのことで、知人の照会により要請されて顧問に就任しました。財務状況、特に資金繰りを把握しようと調査を開始し始めた矢先に、仕入先の1社から仮差押えがなされてしまいました。この仮差押え手続の進行を停止するため、付き合いのあった法律事務所に依頼して東京地裁に民事再生手続の申立てを行いました。

民事再生手続の申立てと並行して財務状況を調査しました。その結果、売上高は、合併後数年間で伸び続け、合併前2社の合計額の2倍以上となっていて、帳簿上は若干の当期純利益を計上していましたが、粉飾決算によるもので、実態バランスは2億円程度の債務超過となっていることが判明しました。

申立後まもなく民事再生手続開始決定がなされ、仮差押え手続の進行も停止されました。

本件は、民事再生手続のなかでの事業性評価であり、通常のものとは違うとも感じられるでしょうが、本質的には相違ありません。

もっとも、金融機関等の職員の方が民事再生手続中の企業を事業性評価することはまずないと思われますが、知識の一環として参考にしてください。

(2) 外部環境・業界動向

当時民主党政権下でハードからソフトへの転換として、箱物工事は予算が大幅に削減されていたため、公共工事は件数が減少し、公共工事入札は低入札が頻繁に起きていた程、建設業界は競争が激化していました。

民間工事においても公共工事の過当競争が影響したため、請負金額は低く抑えられていました。

特に中小ゼネコンは苦しい経営状態が続き、倒産する企業も続出して、建設業界は生き残りをかけた戦いが繰り広げられていたといっても過言ではありませんでした。

(3) 連続財務諸表

合併会社でも合併2社の合併前のそれぞれの決算書と合併後の決算書を組合せて変則的な連続財務諸表は作成することができるのですが、今回は作成しませんでした。

上述の通り、少なくとも合併後の数年間にわたり多額の粉飾があったのですが、どの科目でどの時点からあったのか即座には判然としなかったため作成する意味がなかったことに加えて、調査を開始した早々仮差押えがなされてその対応に追われて、作成のタイミングを逃してしまったからです。

(4) 立てた仮説と質問点

合併会社ということで、まず想定されるのがコミュニケーション不足です。

また、工事件数が減少していた頃であったため低入札を繰り返していたか、原価管理が杜撰であったか、あるいは両方が窮境原因ではと考えました。それらの点について質問しました。

(5) 窮境原因
窮境原因は次の通りです。

①意思疎通の欠如
まず、合併会社に特有の意思疎通の欠如が挙げられます。合併前からの工事2部門が独立採算と称して、それぞれが勝手に工事を受注し、経費を使っており、管理部門はありましたが、ほとんど無管理状態でした。

②売上拡大主義
建築業界には経営事項審査(通称、経審)があります。一般的に、経審などにおいて点数を上げるために、人員や業容を拡大することが選好されます。

やはり、当社においても、人員を増加し、売上拡大主義に走っていました。実績を作り次の工事を請けるために、積算見積り時点で若干赤字工事となっても、下請コントロールによって次回工事で修正すればよしとの社内風潮がありました。しかし、実情は原価管理が行き届かず、若干の赤字どころか大幅な赤字となる工事が続出し、次回工事で修正するどころかさらに赤字を増大させていきました。

上述の通り、業界全体で工事件数が減少するなかで、稼働率が低下して工事原価赤字を拡大させないために稼働がゼロよりはあった方がましとばかりに、赤字覚悟の応札も行い、さらに赤字を増加させるという悪循環に陥っていたのでした。

(6) 事業性評価(再生可能性判断)
民事再生手続では、債権者の債権が権利変更されて大幅削減となる場合が

多く、債務者にとって抜本的な事業再構築が可能となる反面、事業価値が大きく毀損し将来の事業運営が難しくなります。

しかし、建設業では受注が一時的な停止はあっても大口取引先などの取引継続が見込まれる場合、その存在がスポンサー代わりとなって信用補完の役割を担い、事業価値毀損が軽減されます。

そこで、

①窮境原因除去などによる将来事業価値のほか、

②権利変更による債務削減額、

③大口取引先などの取引継続の可否、

④企業間信用がないなかでの運転資金確保について、

検討の必要があり、特に③④が最大の問題です。

①については、人員を1/3の20名程度にすることや、原価管理のための役員などによる会議を毎月複数回開催することなどによって、認められるものと判断しました。

②については、財産評定後、債務の80％で2億円以上が削減できることが確認できました。問題は、このままでは削減できる2億円が債務免除益となってしまうことです。税務当局に対する更正の請求または更正の嘆願により粉飾を過年度修正して損失を計上し、繰越欠損金として債務免除益と税務上相殺する必要があります。

債務免除益とは、債務者が債権者から債務を免除してもらった場合に免除額分計上された利益をいいます。

更正の請求や更正の嘆願が可能であるのは粉飾後5年以内ということでした。幸いにも粉飾期間が5年以内であったため、可能であると判断しました。

③については、民事再生手続に入る前に大口取引先が取引継続を容認したことを確認したうえで手続申立てを行っています。

④については、これも手続前に資金繰りを見積り計算したうえで手続申立を行っています。また、仮差押え分の金額を控除しても取引先から債権回収ができることが確認できました。

もっとも、工事再開時期と工事期間如何によっては運転資金がショートする可能性があり、また、赤字工事を解除しない場合には、DIPファイナンスを受けなければならないとも判断していました。

　以上から、再生可能性は一応認められるものと判断することができました。

(7) 再生計画

　参考までに再生計画について簡単に触れます。

　再生手続において再生計画案のほか事業計画について詳細説明する事業計画案を裁判所と金融債権者に提出しました。債権者集会において所定の要件を充足し、東京地裁から認可決定を受けました。

　再生計画案は、80％以上の債権カットという権利変更のほかは、株主責任を取り100％減資とし、一部の経営者は経営責任を取り辞任する、という内容としました。

　その実行を速やかに行うなか、減資と同時に行う増資において、経営者の親族などが新株主となりました。

(8) フォローアップとその成果

①アーリーステージDIPファイナンス

　赤字工事は解除するとの短期的視点に基づく考え方に対して、解除せず完工して将来の自治体発注工事の受注を事実上可能にするという経営合理性を優先させて、10件程度ある注残工事すべてを完工させるとの方針を立てました。

　そのためには運転資金が必要となり、民事再生開始決定直後からメイン行や新規取引銀行などとDIPファイナンス交渉を開始したところ、発注者である自治体発注工事に対する売掛債権譲渡担保案が出て、同自治体に債権譲渡禁止の解除を認めてもらう必要が生じ、交渉の結果特例扱いで承認されました。

　これによりに新規取引銀行から運転資金として数億円の債権譲渡担保融資

の実行を得ることができました。実行前に融資証明をもらい、当然に支払不安を抱く資材業者や下請業者を説得し、工事を続行することができました。

②レイターステージDIPファイナンス

しかし、東日本大震災が発生し、申立て前に受注した残工事の多くは中断し遅れが生じました。大幅な人員削減が必要であった一方で、残工事続行のために人員確保も必要となって、工事遅延は労務費増大に直結しました。さらに資材難や作業員不足からの価格高騰も加わり、工事原価は膨れ上がり、大きな損失を計上しました。

この震災1年後に（株）東日本大震災事業者再生支援機構が設立されたのを好機に、震災後の工事遅延などによって被った間接損害からの復興のための赤字補填資金として同社に融資保証を申し込みました。

保証を受けるためには、取引銀行を確保する必要があり、アーリーステージでDIPファイナンスを受けた銀行との取引が決まり、同機構からの保証による融資が実行されました。

ただし、短期融資であったため、別に取引銀行を確保する必要があり、幸いにも他に2行とバンクミーティングを重ね、2行協調融資に乗り換ることができました。

③低粗利体質からの脱却

工事受注は、大口取引先の理解に恵まれ、想定通り継続されたほか、新規取引先を確保することもできました。

そして、経営方針を売上拡大主義から利益重視主義に転換いたしました。

原価管理については、毎月2回程度幹部会議を開催すると同時に、原価・売上総利益を早期に集計できるように管理体制を整備しました。

このような方針転換と原価管理の徹底により、低粗利体質から脱却することができました。

第4節　卸売業の経営改善事例
—東日本大震災に翻弄された中古パチンコ機卸会社—

(1) 企業概要・経緯

　当社は、本社が関東地方にあり、主にパチンコホールに遊技機である中古のパチンコ台やスロット台を販売する有限会社で、営業範囲は、北関東から南東北一帯で、営業所が1か所あります。

　現社長が大学卒業後パチンコ・スロットメーカーに数年間営業として勤務した後、パチンコホール関係者との人脈を活用して創業・設立したものです。大手パチンコチェーン数社とも取引をしています。資本金7百万円、役員3名、従業員5名、年商257百万円（平成28年当時）でした。決算期は3月です。

　平成28年に認定支援機関による経営改善計画策定支援事業において経営改善計画書を策定したことを契機に、その後顧問に就任しました。

(2) 外部環境・業界動向

　警察庁発表をまとめた日本遊技事業協同組合連合会の資料により、パチンコホール数と遊技機数を調べました。

　昭和55年の「フィーバー機」によって始まったパチンコブームは平成7年にピークを迎え、パチンコホール店舗数は18千軒に達しました。しかし、その後減少を続けており、平成29年には11千軒を割り込み、4年前よりも1千軒以上減少し、今後も減少が予想されています。もっとも、業界大手企業に関しては、その多くがホール店舗数を増やしています。

　遊技機（そのほとんどがパチンコ台とパチスロ台）の台数は、平成8年に4.8百万台強あったものが、その後減少したものの、ブームの再来となった平成18年に5百万台弱となり、その後また減少して平成29年には4.4百万台強

となっています。

　以上から、遊戯機数はホール数に比べて減少幅は小さいことが分かります。したがって、小企業を中心とした小型店舗が減少して、大手企業の郊外大型店舗が増加しているといえるようです。

(3) 連続財務諸表

　当社社長は、ある程度計数に強く数年間連続の財務諸表を作成していましたので、敢えて10期などの連続財務諸表は作成しませんでした。

　数年の決算概要は次の通りです。

　売上高については、

平成22年度（平成23年3月期）に2億5千万円であったものが、平成23年度（東日本大震災後）に6億6千万円と急増し、

平成24年度に6億7千万円とピークとなりました。

平成25年度には4億4千万円に、

平成26年度には3億5千万円に、

平成27年度には2億6千万円に、激減しました。

　売上総利益率については、

平成21年度まで30％前後であったものが、

平成22年度に22％、

平成23年度に13％、

平成24年度に15％、

平成25年度に19％、

平成26年度に27％、と減少しました。

　当期純利益については、

売上高がピークとなった

平成23年度と平成24年度においても若干赤字となり、

平成25年度には2千万円強の純損失を計上し、

平成27年度まで純損失を増大させました。

（4）立てた仮説と質問点
①最初の仮説
　東日本大震災後に売上高が急上昇していることから、何らかの震災需要があったものと推測できます。
　震災需要を取引先拡大の大きなチャンスと捉えて、震災需要をできる限り取り込もうとして人員を増強して薄利の受注にも対応した結果、収支のバランスが崩れたのでなないか、そして、震災需要が終息しても人件費を中心とした販管費を削減できなかったのでは、との仮説を立てました。

②質問点と事実把握
　東日本大震災後の売上高の急変化などについて質問したところ、概ね仮説のとおりでした。
　震災によりパチンコホールの建物や遊技機が損壊したのですが、建物の修復が進むにつれて急増した中古遊技機の取替需要に対応して売上高が急増しました。人手が不足したために採用を増やしたものの、ほとんど新人研修・教育も施さずに現場に投入した混乱から定着率が悪化して人件費の急増となりました。
　その後、震災需要が終息局面に至ったにもかかわらず、後発需要が残存していたために震災需要終息の認識を持てず、売上高の減少期においても人員の採用・退職を繰り返して大きな損失となってしまいました。
　震災需要があった反面、パチンコホールのなかには建物などの損壊によって廃業する顧客も多く出て、取引先を失う事態にもなりました。

（5）窮境原因
　当社の窮境原因は、未曾有の大災害の後に起こった急激な震災需要の勃興とその終息に翻弄されてしまい、従来持ち合わせていた経営感覚がマヒしたことにあると考えられます。具体的には下記の通りです。

①売上総利益率の減少

業界大手チェーンのなかには、発注量にものを言わせて低い契約単価を要請したものもあったのですが、当社は取引シェア拡大を狙って多くを受注した結果、売上総利益率が減少してしまい、販管費の全てを賄いきれずに採算割れとなりました。

震災特需によってもたらされた売上代金の大きさに人件費を中心とする販管費の支出額が過少に見え意に介さなくなっていました。

②固定費（販管費）の削減の遅れ

また、震災特需は、実際には徐々に始まって急激に大きく展開して2～3年続き、徐々に終局に向かっていきました。しかし、いずれは終わるものとは分かっていたにもかかわらず、忙しさに惑わされて未だ続くものと錯覚しました。その結果、拡大路線にブレーキがかからず、販管費の過剰支出が続きました。

③増加運転資金となる財務体質

中古遊技機の買い付け代金の支払は、仕入時とほぼ同時です。したがって、売掛金が回収されるまでの期間運転資金が必要となります。中古遊技機販売業は、売上が拡大すると増加運転資金となってしまう財務体質といえます。

パチンコホールの改装の場合、まとまった台数の中古遊技機が納入されます。1案件の売上代金は、1千万円を超えることは日常的で、時には数千万円に及ぶこともあり、ある程度まとまった金額で回収されます。

そうすると、金融機関としては、「ひもつき」融資、すなわち、仕入代金支払時に融資し売上代金回収時に返済するとの条件での融資、としやすい融資案件です。増加運転資金融資の最初の段階では、このよう対応となることが多くありますし、当社の場合もそうであったと考えられます。

また、金融機関にとって融資先は売上が上昇している企業であって、成長性が見込めることから、「ひもつき」融資に限らず、従来の正常運転資金の

額を増加運転資金として増額するといった対応も考えられます。

　当社の場合、結局は約定弁済の必要な長期運転資金として融資されました。しかし、大きな損失を計上したため、借りた長期運転資金の返済財源がなくなり、しかも債務超過となった当社に対しては、それらの事実が決算書で確認された後には融資の道が閉ざされてしまいました。

(6) 事業性評価（経営課題・解決策提示）
①資金繰り表による資金管理の徹底
　当社は、上述の通り、仕入時に仕入代金を支払い売掛金が回収されるまでの間、運転資金を確保しなければならず、売上が増えれば増える程追加の運転資金が必要となる財務体質の業種です。にもかかわらず、大きな損失を出し債務超過となった結果、金融機関からの融資の道は閉ざされています。

　したがって、運転資金は自己資金で賄うしかありません。決算期に合わせた年間の月次資金繰り表を作成して資金管理を徹底して行うことにしました。

②売上総利益率増加による売上総利益の確保
ａ．売上総利益管理表の作成

　業容の縮小均衡方針で臨みました。売上総利益管理表を作成・管理することにより売上総利益率拡大を企図しました。業容を維持するために売上を増加させようとして売上総利益率の小さい案件も受注して、結局採算が取れなくなるまで売上総利益率を減少させてしまった反省からです。

　当社の場合、上述の通り、運転資金を自己資金で賄う必要からも運転資金が増加するような売上拡大方針を採ることができず、売上高の確保・増加によって売上総利益額を確保するのではなく、売上総利益率を確保して売上総利益額を増加させることを目的としました。かなりの程度受注の引合いがあったことも要因です。

　売上総利益の額・率の管理は、受注実績予想一覧表の作成によってもでき

ますが、同表は作成しないことにしました。同表の作成目的は受注交渉を管理して売上を確保・増加させることに重点があるからです。

売上総利益管理表は取引先別に作成しましたが、その作成方法は次の通りです。

まず、取引先別に、月毎に年間実績を出しました。次に、取引先別に無理のない範囲で、目標売上高と売上総利益率から予想売上総利益額を決め、目標となる合計予想売上総利益額を算出しました。

b．選別受注

目標売上総利益額は無理のない範囲で決められましたので、比較的多くあった引合い案件に対して失注をある程度覚悟して目標売上総利益率以上での見積りを行い応諾してくれる案件のみ受注していくという方針を貫くことができます。すなわち選別受注が可能となりました。

③販管費の削減

業容の縮小均衡方針からは、当然販管費の削減も必要となり、目標売上総利益額の範囲内で目標営業利益が出る額に販管費を抑える必要がありました。

売上総利益管理表と資金繰り表の作成過程で、当社社長は販管費のうちどれを削減すべきかについて気づくことができました。特に資金繰り表は翌月繰越金がマイナスとなるわけにはいかず、販管費削減の対応策を講じざるをえないからです。

販管費のうち固定費となる人件費の削減は遅ればせながら事業性評価の時点で既にある程度は行われていましたが、これに加えて、社長自身の役員報酬を大幅に削減しました。

また、営業所を家賃が低額となる場所に移転しました。その他の販管費もすべて見直し、不必要であると判断したものをカットした結果、目標範囲内に収まりました。

(7) フォローアップとその成果

　限りがある運転資金からは当然のことですが、業容の縮小均衡方針は貫徹されました。次年度の売上総利益率は大幅に改善され、販管費の削減も順調に進み、営業利益は1千万円強となりました。

第5節　小売業の経営改善事例
―量販店・ネット販売を跳ね返すパパママ家電製品販売店―

(1) 企業概要・経緯

　当社は、先々代が東京郊外において昭和21年に創業、昭和27年に法人化した株式会社です。資本金10百万円、家族のみで構成された役員4名、年商36百万円（平成29年当時）でした。

　いわゆる「街の電気屋さん」です。昭和50年代に2代目代表者が新店舗を2店舗開設しましたが相次いで撤退しました。

　平成27年に3代目が代表者となって、営業活動と電気製品の納品や設置工事を行っています。その妻と先代の妻が経理や店舗に居て電話応対をしていますが、先代はほとんど活動していません。

　来店客が訪れることが少なく、店内には照明器具以外の商品は陳列されておらず、カタログのみが目立って陳列されています。

　店舗に隣接した貸しビルを所有しており、テナントを入居させていますが、老朽化が進み、テナントは1軒のみとなっています。

（2）外部環境・業界動向

1990年頃から家電量販店が台頭してきて以来、中小規模の電気店の多くが姿を消してしまいました。また、2000年以降から通販サイトが台頭してきた結果、大型量販店すらも厳しい経営環境となっており、当社のような個人経営で零細規模のいわゆる「街の電気屋さん」も店舗数を大きく減らしています。もっとも、「街の電気屋さん」でも家電量販店や通販サイトにない需要を取り込んでいる店舗は、今も生き残っています。

（3）連続財務諸表

決算書が保存されていた11期分で作成しました。ただし、例示では紙面の都合で6期としています。次ページの図表4-2に示します。

11期間において売上高はなだらかに減少しています。11期間の始めからは、額で11百万円以上、率で23％弱減少しています。売上総利益率は28年8月期以外は40％以上を維持しています。

当社の決算書上役員報酬と従業員の給与が区別されていませんでした。営業利益は毎期赤字で、テナントからの家賃収入で補填してきました。しかし、建物の老朽化により入居テナントが減って、最近の6期間は補填しきれていません。

平成26年と27年に債務免除益が発生しています。

流動負債のほとんどが短期借入金です。もっとも、実態は長期の役員借入金であって不適切な勘定処理がなされていたものです。

（4）立てた仮説と質問点
①最初の仮説

上述の通り、平成26年と27年に債務免除益が発生しています。

本章第3節で述べた通り、債務免除益とは債務者が債権者から債務を免除してもらった場合に免除額分計上された利益のことです。民事再生での例は特殊な場合です。

figure 4-2 連続財務諸表

(単位：千円)

比較 PL		年度（平成）	24/8	25/8	26/8	27/8	28/8	29/8
売上高		売上高	35,666	40,586	42,138	39,027	37,688	36,612
		電気製品	34,066	38,473	40,006	37,417	35,941	35,652
		家賃	1,600	2,113	2,132	1,610	1,747	960
売上原価		売上原価	20,560	23,412	24,301	21,988	24,520	21,519
		期首棚卸高	3,345	3,828	4,213	4,044	4,275	978
		仕入高	21,043	23,798	24,132	22,219	21,223	21,417
		期末棚卸高	3,828	4,214	4,044	4,275	978	876
売上総利益			15,106	17,174	17,837	17,039	13,168	15,093
売上高総利益率			42.4%	42.3%	42.3%	43.7%	34.9%	41.2%
販管費	人件費	給与手当	11,196	10,016	8,728	8,541	7,358	6,720
		その他人件費	1,935	1,625	1,624	1,711	1,387	1,024
		人件費/売上	36.8%	28.7%	24.6%	26.3%	23.2%	21.2%
	その他販管費	減価償却費	565	1,326	1,553	1,196	611	532
		その他	8,533	7,463	8,100	8,930	7,691	7,827
販管費合計			22,229	20,430	20,005	20,378	17,047	16,103
営業利益			-7,123	-3,256	-2,168	-3,339	-3,879	-1,010
売上高営業利益率			-20.0%	-8.0%	-5.1%	-8.6%	-10.3%	-2.8%
営業外収益			5540	2385	3007	4255	2735	1287
営業外費用			1120	1025	1145	966	880	754
経常利益			-2703	-1896	-306	-50	-2024	-477
売上高経常利益率			-7.6%	-4.7%	-0.7%	-0.1%	-5.4%	-1.3%
特別利益			0	0	15	0	0	0
特別損失			25	0	0	0	0	0
税引前当期純利益			-2,728	-1,896	-291	-50	-2,024	-477
法人税等			79	81	81	81	81	81
税引後当期純利益			-2,807	-1,977	-372	-131	-2,105	-558
備考					債務免除益 1500	債務免除益 3400		

比較 BS	24/8	25/8	26/8	27/8	28/8	29/8
流動資産	7,385	7,228	6,511	6,732	4,883	3,404
固定資産	17,534	16,210	15,826	14,782	11,283	10,751
資産計	24,919	23,438	22,337	21,514	16,166	14,155
流動負債	39,685	40,798	41,740	37,333	44,788	43,666
固定負債	32,073	31,457	29,787	33,502	22,804	22,473
（うち長期借入金）	31,345	30,569	29,099	32,814	22,644	22,473
引当金	0	0	0	0	0	0
純資産	-46,839	-48,817	-49,190	-49,321	-51,426	-51,984
自己資本比率	-188.0%	-208.3%	-220.2%	-229.3%	-318.1%	-367.2%
負債・純資産計	24,919	23,438	22,337	21,514	16,166	14,155

通常は、役員借入金を計上している債務超過の会社が役員借入金を免除させて（貸手である社長などの役員からすれば会社への貸付金などの債権を放棄する）、利益分自己資本を増やして債務超過を解消あるいは軽減するために行われます。

特に、繰越欠損金が期限切れになる時期に行われます。繰越欠損金が期限切れになれば、将来利益が出た場合に税務上当該欠損金で利益を相殺することができなくなってしまい、利益を出して債務超過を解消しようとしても、まともに法人税などの税金がかかってしまうからです。

一方、売上高は徐々に減少しています。販管費も人件費を中心に徐々に減少しています。

これらの事実から、役員借入金を計上できるほど比較的多額な役員報酬を計上していたところ、売上の低下に合わせて役員報酬を減額したものの、減額が売上・利益の減少に追いつかず営業損失が継続したのではないかと推測しました。

②質問点と事実把握

当社の決算書上役員報酬と従業員給与とが区別されていませんでしたので、その点と債務免除益などについて質問しました。

この6期間に1名いた従業員は退職し、4名の役員報酬も徐々に削減しました。

営業外収益にはテナントからの家賃収入と債務免除益が含まれていますが、上述の通り、建物の老朽化により家賃収入も徐々に減少しています。

売上高が減少傾向となっている要因に関して、営業活動状況を聴きました。現代表者は作成したチラシをポスティングしているのですが、計画的になされているわけではないようです。

(5) 窮境原因

窮境原因を以下に整理しました。

①**外部環境変化に対する組織的対応の遅れ**

　量販店やIT通販の進出拡大などによって競合環境が構造的に変化したにもかかわらず、先代の高齢化により改善意欲・判断力・行動力が後退したため、外部環境の変化に対応できませんでした。

　平成27年に代表者となった3代目において、「便利屋スタイル」や「設置工事重点」とするチラシを作成してポスティングをするなどの若干の対応はなされました。

　しかし、ポスティングを計画的に行っていたわけではなく、業務が暇な時間に時々していたにすぎません。新規顧客獲得・既存顧客深耕のための具体的な経営戦略策定が欠如していました。

②**危機意識・人件費管理の欠如**

　当社は、上述の通り、6期連続で営業損失を出し、家賃収入などで補填してもなお平均1.3百万円の当期純損失を計上しています。

　にもかかわらず、厚生年金を受給していて営業活動していない先代や家族に役員報酬を出すという意味で人件費を比較的多額に支出し続けていました。そして、資金繰りに支障が生じた時点で役員借入金として会社に戻していました。

　本章第1節で述べたように、ここでも役員報酬を比較的多額に出した結果、資金繰りの穴埋めに役員借入金として会社に戻すように拠出して、所得税、住民税、社会保険料などの余分な出費となってしまいました。

　金融機関からの有利子負債が3千万円弱ありました。この額は年間売上高の8割程度でしたが、家賃収入もあって経営感覚的には絶対額が多額ではないと感じていたとも思われます。危機意識が欠如していたといわざるをえません。

③**賃貸用建物老朽化による家賃収入の減少**

　店舗に隣接して飲食店を入居させていた貸しビルの老朽化が進み、数軒

あったテナントが退店しました。

　空店舗が出れば出る程、退去者は出て入居者はいないという状況になります。補修なども考えられますが、多額の補修費を負担したとしても、入居者がある保証はなく、放置した結果、賃料収入が減少したわけです。

(6) 事業性評価（経営課題・解決策提示）
①顧客の獲得・深耕策
ａ．対象顧客の選定

　高齢者を中心とした情報リテラシーの低い顧客は、最近の家電製品の高性能化に対応できず、量販店やネット通販を利用することが困難な状況です。また、家電量販店やネット通販を利用した人でも、修理や工事に不便を感じているはずです。

　このように安さよりも利便性を重視する顧客に対して、「街の電気屋さん」が活躍できる余地があり、彼らをターゲット顧客とします。利便性を重視する顧客はどこにでも存在するのですが、ネーミングを「近くの便利屋家電店」として、店舗周辺や特定の地域の顧客に絞って営業展開することにしました。

ｂ．訪問先・チラシ配布先のリスト化

　マンション等管理会社・不動産業者を第一重点対象とすることにしました。マンションなどの住民は住居内設備などで不都合が生じた場合には管理会社に連絡することになりますが、連絡を受けた管理会社が既存の電気店に依頼しても対応が遅いなどの理由で不満をもっていることもありえるからです。

　そこで、マンション管理会社や不動産業者をリスト化した訪問営業管理表を作成することにしました。

　店周領域の会社・団体・商店を第二重点対象とすることにしました。住宅地図をコピーして対象地域を特定します。これらを営業管理表代わりに使用することにしました。

　既存顧客に紹介を依頼したり取引深耕するために既存顧客リストを作成す

ることにしました。既存顧客でも当社の取扱業務を熟知しているとは限りません。特に当社はエヤコンなど工事が必要な家電製品や台所関連のリフォームなどに重点を置いており、それらを告知するため取扱業務を記載したチラシを配布することにしました。

　ｃ．女性営業・同行
　家電製品を使用するのは現在男性よりも女性の方が多く、選定するのも同様であると思われます。
　そうすると、営業活動においても、女性の視点に立てる女性の営業が好まれるでしょうし、納品や工事のために家庭などを訪問する場合にも女性の方が安心感があります。そこで、可能な限り、代表の妻がチラシ配布などの営業活動をしたり、設置工事に同行することにしました。

②**人件費の削減等**
　役員報酬を引下げて、法定福利費を含めて人件費を1.3百万円強削減することとしました。この額は最近6期間の平均当期純損失額に等しいものです。

（7）フォローアップとその成果
　経営改善策がある程度実行されて、翌年度売上高が回復しました。その結果、黒字転換しました。

第6節　飲食業の経営改善事例
―競合店対策に悩んだそば店兼居酒屋―

(1) 企業概要・経緯

　当社は、関東地方で、「そば店兼居酒屋」を営む有限会社です。資本金5百万円、役員4名、従業員6名（うちパート5名）、年商54百万円（平成26年当時）でした。

　昭和11年にJRローカル線の駅前に先代が開業し、現代表が平成8年に店舗を郊外の現在地に新設移転し、法人化しました。新設費用1億円のほぼ全額をメイン行からの長期借入金で調達しました。

　新設後数年間の損益は平均で若干のマイナスとなっており、減価償却費の範囲でかろうじて返済を行っていました。ところが、平成16年頃から全額返済できず、借り換えを繰り返すようになり、平成23年からは10百万円程度の債務超過となりました。

　平成26年に中小企業再生支援協議会から事業性評価を委嘱されたのを契機に、その後顧問に就任しました。

(2) 外部環境・業界動向

　当社店舗は、主要幹線道路で交通量の多い国道のロードサイドに位置し、近隣の観光地から1kmほどの距離にあります。近隣には大規模な商業施設が隣接し、多くの集客が見込めるため、ファミリーレストラン、回転寿司、その他の料理専門店が多く出店してきています。

　内閣府などの統計資料からすると、外食産業の市場規模は、平成9年の28兆円超をピークに平成13年頃から24兆円程度と横ばいで推移しています。また、当社の商圏と考えられる近隣市町村の人口は少なくとも平成16年からは漸減しています。

(3) 連続財務諸表

当社の連続財務諸表を図表 4-3 に示します。

店舗を新設した時点からの連続財務諸表の作成が望まれたのですが、決算書が保存されていた 14 期分で作成しました。ただし、例示では紙面の都合で 8 期としています。

主な出来事には近隣競合店の開店時期を記載しました。記載した 8 期において競合店が 4 点開店しています。競合店が開店される毎に当社の売上高が減少しています。

売上総利益率は 67％程度であり、特に問題はなさそうです。

(4) 現場・現物
①店舗外の状況

国道に沿う敷地（間口は 20m 以上ある）前面には用水路があり、それを暗渠化して通行可能にしているものの、数 m 程度の部分しか通行できないため、高速通行する自動車にとってハンドルを切って入店しづらい状況であると感じました。

高さ 5m 超の外照明の大看板が一体設置されています。道路から 1m 以上敷地内に入ったところに設置されていることや外照明が暗く、特に夜間の訴求度は低いので、導入間口が狭いが故の入店しづらさに拍車をかけていました。

玄関前に設置されている鳥居の赤いペンキが剥げた状態となっていました。

駐車場の収容台数は、白線引きされた顧客用 18 台、白線引き部分以外に奥に 2 台分の従業員用のスペースがあり、合計 20 台分ということで、宴会や観光バス客などの団体客が入店する際には、他の車利用客の入店の余地がない状況でした。

第4章 事業性評価の実践事例

図表4-3　連続財務諸表

(単位　千円)

移転後比較PL		主な出来事	××開店		KK開店			ZZ開店	PP開店	
		年度	13/6	14/6	19/6	20/6	21/6	24/6	25/6	26/6
売上		売上高	81,296	77,691	63,138	64,024	62,260	62,684	61,872	54,303
		(うちxx店)	57,723	55,084	63,138	64,024	62,260	49,800	47,722	41,722
		(うち18/6まで△△店 24/6から▽▽店)	23,573	22,607	0	0	0	12,883	14,150	12,581
売上原価		材料費	27,042	24,204	18,679	19,118	18,710	20,754	20,201	17,897
		(うちxx店)	19,201	17,161	18,679	19,118	18,710	16,488	15,581	13,751
		(うち18/6まで△△店 24/6から▽▽店)	7,841	7,043	0	0	0	4,265	4,620	4,146
売上総利益			54,254	53,487	44,459	44,906	43,550	41,930	41,671	36,406
売上高総利益率			66.7%	68.8%	70.4%	70.1%	69.9%	66.9%	67.4%	67.0%
販売費及び一般管理費	人件費	役員報酬	15,600	15,600	8,400	15,400	16,800	10,200	10,200	10,200
		給与手当	3,240	3,240	3,290	3,240	3,190	4,955	5,105	4,705
		その他雑給等	10,916	9,529	4,008	4,533	5,180	7,372	7,201	6,291
		法定福利費	121	112	84	88	0	87	131	124
		福利厚生費	431	384	201	117	332	393	468	448
		人件費対売上高比率	37.3%	37.2%	25.3%	36.5%	41.0%	36.7%	37.3%	40.1%
	その他販管費	減価償却費	3,144	5,453	8,003	7,101	6,428	5,917	4,902	4,943
		水道光熱水費	4,393	3,919	2,968	3,043	3,134	4,246	4,452	4,258
		その他	12,979	12,840	9,006	6,706	5,542	5,768	4,817	5,356
販管費合計			54,064	54,317	39,250	43,468	43,796	43,893	42,381	41,030
営業利益			190	-830	5,209	1,438	-246	-1,963	-710	-4,624
売上高営業利益率			0.2%	-1.1%	8.3%	2.2%	-0.4%	-3.1%	-1.1%	-8.5%
		営業外収益	1,258	1,192	723	1,119	600	5,663	5,898	9,390
		営業外費用	1,668	1,415	2,363	2,683	2,322	1,737	1,656	1,524
経常利益			-220	-1,053	3,569	-126	-1,968	1,963	3,532	3,242
売上高経常利益率			-0.3%	-1.4%	5.7%	-0.2%	-3.2%	3.1%	5.7%	6.0%
		特別利益	0	0	0	0	0	0	0	191
		特別損失	0	0	3,505	0	0	4,025	0	0
税引前当期純利益			-220	-1,053	64	-126	-1,968	-2,062	3,532	3,433
		法人税等	70	70	72	72	72	72	72	72
税引後当期純利益			-290	-1,123	-8	-198	-2,040	-2,134	3,460	3,361

移転後比較BS	13/6	14/6	19/6	20/6	21/6	24/6	25/6	26/6
流動資産	10,603	12,291	22,433	20,659	17,063	19,403	21,803	23,261
固定資産等	98,155	92,701	59,160	53,427	48,153	36,576	32,750	28,774
資産計	108,758	104,992	81,593	74,086	65,216	55,979	54,553	52,035
流動負債	12,213	12,921	11,131	8,812	2,686	4,237	5,062	5,190
固定負債	93,734	90,384	69,366	64,376	63,672	67,047	61,335	55,094
(うち長期借入金)	83,537	80,996	69,268	64,376	63,672	66,672	61,335	55,094
純資産	2,811	1,687	1,096	898	-1,142	-15,305	-11,844	-8,249
自己資本比率	2.6%	1.6%	1.3%	1.2%	-1.8%	-27.3%	-21.7%	-15.9%
負債・純資産計	108,758	104,992	81,593	74,086	65,216	55,979	54,553	52,035

②客席・厨房内の状況
 a．客席
　30人収容できる宴会用座敷のほか個室2部屋、板の間席、テーブル席、一人客相席用の大テーブル席があり、合計客席数は96席です。それぞれ空間的に余裕があります。清掃状況に問題はありませんでした。

 b．厨房内
　本来は広いはずですが、雑然と備品などが置いてあり、見通しが利かず、狭く感じられます。盛付けなどをする平台も小さく、衛生管理上も充分であるようには見えませんでした。

③料理内容と味・接客の評価
　主力料理はそばで、二八の田舎蕎麦と食数限定で外一蕎麦を提供していました。そばつゆが冷温ある天ぷらそば、とりそば、鴨そばなどの各種そばや天丼、親子丼などの丼物とそばのセットや定食、鍋物のほか、会席料理としてそば会席や各種うどんも提供していました。

　夜は上記に加えて、居酒屋メニューとして、鴨肉・鶏肉・豆腐料理を各種取り揃えていました。しかし、多くの居酒屋では提供している刺身などの海鮮料理は一部の宴会以外は提供していませんでした。牛肉や豚肉も同様でした。

　飲料については、酒類では、生ビールはもちろん、瓶ビールは各銘柄が揃い、日本酒、焼酎は地元を中心に各銘柄が揃っていました。ワインも種類は少ないものの提供していました。ジュース類も各種揃っていました。

　デザート類も取り揃えてあり、特に女性客・子供客を意識して種類が豊富でした。

　天丼とそばセット、海老天ぷら、鴨肉料理、鳥から揚などを試食した結果、好みがある味の性質上、客観的評価は難しいですが、いずれも美味であると感じました。

昼、客が20人程度入っている状況下、上記丼物とそばのセットを注文した後10分程度で料理が出されました。接客態度、待ち時間ともに特に問題はないと思いました。

食後のコーヒーをセルフサービスですが、飲むことができるようになっていました。

(5) 立てた仮説と質問点
①最初の仮説
　当社とのおつきあいは上述の通り、中小企業再生支援協議会から事業性評価を委嘱されたことが契機でした。委嘱された時点で聞いていたことは、そば屋でスタートした後にそば屋兼居酒屋となっている若干債務超過の家族経営の有限会社である、ということだけでした。

　この時点で立てた仮説は、最初はそば屋であるということから、居酒屋メニューが不十分で、顧客維持・獲得のための方策も不十分であろう、ということでした。大手居酒屋チェーン店は積極的に広告宣伝費を使って訴求をしているのに対して、従来からの多くのそば屋はそれがなく居酒屋となっても踏襲しているであろうと推測したからです。

②次の仮説
　連続財務諸表を作成するための決算書の写しなどが揃ったのは最初の訪問時でした。連続財務諸表を作成する前で訪問前に外部からのみ現場を見ました。上述の「現場・現物」の箇所で示した通り、席数・駐車場の対比や看板に問題があることがすぐに判りました。

　そこで、窮境原因は、席数・駐車場の対比から、まずは過剰設備投資による元利返済・償却負担であり、看板の問題から顧客への訴求が不十分であるため、おそらくメニューの訴求も同様であろう、という仮説を立てました。

　訪問時に、メニュー関連では、店内にメニューPOPがなく、メニューを見ると酒類・飲料を中心に単価が低く、海鮮料理がないことを確認しました。

③質問点

上述の通り、近隣には、ファミリーレストラン、回転寿司、その他の料理専門店が多く出店してきていますので、近隣競合店の開店時期について質問し、連続財務諸表の主な出来事には近隣競合店の開店時期を記載しました。

④その次の仮説

競合店の相次ぐ開店という外部環境の変化に対して、顧客の嗜好に適切に対応したメニューの開発・提供がなかったことが窮境原因ではと推測しました。そこで、この窮境原因を除去するために、海鮮・牛肉料理を中心にしたちょっと高級な和食を中心にしたメニュー展開をすればよいのではとの仮説を立て、その検証のためにポジショニング分析をすることにしました。

(6) 窮境原因

窮境原因を以下に整理しました。

①新設店舗の過剰設備投資

可能駐車台数20台に比して約85坪の店舗床面積や100席弱の席数を考慮すると建物などへの総投資額1億円は過剰であったと考えられます。

駐車スペースを増やし、店舗床面積や席数を減らすことにより、総投資額は抑えられたはずです。年間売上高が60百万円前後であったのに対して、新設後5年間の償却負担は平均6百万円以上に及び、また、当初の金利負担は3百万円程度あり、償却負担・金利負担は相当重かったと思われます。

②外部環境変化に対する組織的対応の遅れ

店舗が面する国道沿いに大規模商業施設が年を追って新設・拡大され、それに伴い同国道の交通量は増加しているものの、そば店、居酒屋、回転寿司やファミリーレストランなどの外食産業としての競合店も年々増加しており、競争が激化し顧客争奪戦が繰りひろげられていました。

このような外部環境の変化に対して、メニューの改善はなされましたが、海鮮料理など、顧客の嗜好に適切に対応したメニューの開発・提供はなされなかったため、海鮮料理や牛肉料理を求める顧客が競合店に流れました。

また、当店の店舗の状況は、導入間口が狭いことに加えて大看板の照明が暗く夜間の訴求度が低いことが原因で、店舗前面を自動車通行する顧客が入りづらいものとなっていました。

にもかかわらず、それをそのまま放置しており、顧客訴求、来店誘導などの適切な対応がなされませんでした。

加えて、席数に比し可能駐車台数が不足しており、宴会客や観光バスが入った際には他の顧客が入店できない状況となって、そのために客数が伸びないというボトルネック状態となっていました。

客数が伸びなければ、客単価を上げることが考えられますが、顧客争奪戦となっているなかで現状を変えれば、さらに売上が減少することを慮って、客単価を上げることができなかったわけです。

例えば、飲み放題の宴会の場合、4時間でも4千円という設定でした。

(7) 事業性評価（経営課題・解決策提示）

①コンセプトの確立

a. 競合外食店のポジショニング分析

店舗周辺の競合外食店11店を対象に食事メニューの平均単価と和食・洋食等度を調査・分析しました。

具体的には、サイドメニューを除いた食事メニューの平均単価を計算し、各メニューが和食、和食以外、折衷食のどれに該当するかを識別して、各店の和食度としました。

縦軸に食事メニュー平均単価、横軸に和食度（0に近いほど洋食等度が高い、すなわち和食度が低く、100に近いほど和食度が高い）を表示して、ポジショニング図を作成しました。図表4-4に示しました。

図表4-4　競合する他店の平均食事メニュー単価と和食度

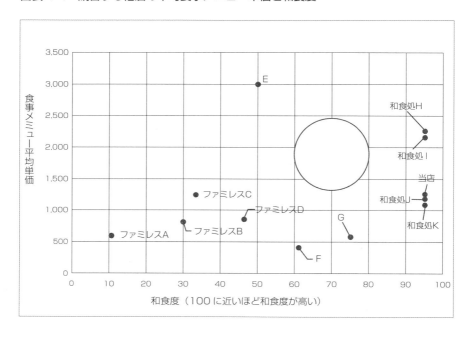

b. ポジショニング分析からの方針決定

　ポジショニング分析からは、以下の事実が判明しました。11店のうち、ファミリーレストラン4店は和食度10以上50未満で平均単価5百円～12百円の範囲に収まり、和食処4店は和食度90以上で平均単価12百円～22百円の範囲に収まり、和食度50で平均単価3千円の店舗が1店ありました。

　当店の現状は和食度が95で単価が1,300円程度であるのに対して、和食度が60～80で単価が1千円以上の所に空間があります。この場所は和食以外に折衷食も同時に食べることができて比較的単価が高いという特徴があります。和食度が低い所にも空間はありますが、和食中心の当店には不向きな所です。

　前者の空間は比較的高単価で、敬遠されないか気になりました。しかし、

競合店のうち2店舗は2千円～2.5千円圏に、1店舗は3千円圏に位置し、これらは共に繁盛しており、この単価まで許容する顧客は多数存在すると推測しました。

そこで、当店は和食度70前後で単価2千円前後を中心としたゾーンで勝負すべきであると判断しました。

また、店舗周辺の宴会を受け付ける競合居酒屋6店を対象に飲み放題を含む宴会の1名あたり単価を調査しました。6店のうち5店が時間制限2時間として飲み放題込みの宴会1名あたり単価を4千円～5千円とするのが主流でした。1店舗のみ時間制限なしで6千円～7千円としていました。

そこで、比較的高単価狙いの当店では、時間制限なしで5千円～6千円とすべきであると判断しました。

c．対象顧客の選定

店舗前を通行するのは、家族連れを含む近隣の商業施設の利用者、観光客、通勤・業務中の運転者など（業務客）であって、当店の来店客となっていることから、ターゲット顧客を家族客、観光客、業務客とし、現状で売上源となっている夜の宴会客を加えることにしました。

特に、昼夜ともに見込め、近隣の回転寿司やファミレスなどに奪われているマイカーで来店する家族連れを最重視すべきであると考えました。

d．コンセプト「モダン和食処」

和食度70圏は、刺身中心の海鮮料理など従来からの和食のみならず、牛鉄板焼、しゃぶしゃぶ、和風ハンバーグ、から揚げといった日本でアレンジされて今や和食となった現代的和食とでもいうべき料理をも提供するゾーンです。

そこで、照準顧客とする家族連れを意識した「モダン和食処」をコンセプトとし、刺身を中心とした海鮮料理と牛鉄板焼きしゃぶしゃぶなどの牛肉料理を2メインとすることにしました。

照準顧客への対応として分煙化を一層進める必要がありました。個室が大小4室あり、店舗面積が広いため、客の入込み状況により日毎の分煙化によって排煙設備を導入しなくても比較的容易に分煙化することができると判断しました。

また、ノンアルコールドリンクを無料提供する「ドライバー特典」を飲酒しないドライバーにサービスする対策も考えました。

②駐車スペースの確保

当時の駐車収容台数は、顧客用18台、従業員用2台、合計20台でした。次の通り、駐車可能台数を増やすことにしました。

玄関横に軽自動車用に2～3台分のスペースと奥の従業員用のスペースの横に普通車用に2～3台分のスペースがあり、それらの場所に白線引きして5台分の駐車スペースを増やしました。

また、今まで観光バスを誘導する際に駐車スペース5台分を潰していましたが、今後は予め従業員の車を近隣に使用を許されている駐車場に移動し、観光バスを空いた従業員用スペースに誘導して、これまで観光バスによって、他の顧客が駐車できなかった状況をなくすようにしました。

③広告大看板の新設

当店開店時に160万円を費やして設置された看板がありますが、120万円程度の予算で、照度の高い外照明付の広告看板を敷地の入り口わき正面に道路と平行に新設することにしました。

大きさは高さ3m、横幅6m、表示面は高さ約2.4m、横幅6m、開発したメニューを認知してもらうため、刺身盛合せ、牛鉄板焼、海老天ぷらとそばを組合せた御膳の写真を貼ることにしました。

また、店舗に高級感をもたらすために、50万円程度の予算で、屋根上に、「モダン和食処」と店名の2行を表示した木製看板（高さ3m　横幅6m）を設置することにしました。

④売上増加による再生可能性

駐車スペースをある程度増やし、照準顧客に対応できる新メニューを開発し、その内容を外照明付大看板などで訴求することによって、客数と客単価がともに上昇して売上が増加することが期待できます。事業の再生可能性は認められるものと判断しました。

(8) 経営改善計画

本書の目的は、事業性評価であって、経営改善計画策定までは不要なのですが、当社との関係は、上述の通り、中小企業再生支援協議会からの委嘱で始まりましたので、経営改善計画を策定しました。参考までに掲載します。

①計画の概要

経営改善計画には上記(7)の事業性評価を盛り込み、計画期間は計画0年目の後10年計画としました。

売上高は、駐車スペース拡大などの顧客への浸透期間を考慮し、計画0年目は前年比横ばいとし、1年目以降5年目まで毎年平均2～3％の上昇、6年目以降は横置きとしました。

フリーキャッシュフロー（FCF）は計画5年目まで年間平均数百万円程度出るものとなりました。年間返済額については、1年目については看板などの設備資金に充当するため、2年目については運転資金確保のため、それぞれFCFの約4割弱に抑えて2年間は半額に逓減した返済額とし、計画3年目以降はFCFの約8割を返済額としました。

本計画の損益予想は、計画3年目までに黒字化し、計画5年目で債務超過が解消するように推移するものとしました。

債務超過解消時点でのキャッシュフロー（CF）倍率は3.5倍となって、いわゆる合実計画と認められるものとなりました。

②バンクミーティングの結果

　取引金融機関は、メインバンクである地元の信用金庫本店および政府系金融機関、保証協会の3者でした。

　3者に対して、バンクミーティングにおいて、計画案を説明し、同意期限内の同意を求めました。

　ところが、メインバンクである信用金庫のみが2年間の低減返済は長すぎることを理由に同意が留保されました。同金庫の上層部の意向によるものとのことでした。

　当初同金庫の本店長は理解を示していただけに予想外の展開となったわけですが、再協議して結果的には逓減返済は1年間となりました。

（9）フォローアップとその成果
①計画0年目

　経営改善計画が作成されたのは計画0年目の終盤でしたが、計画0年目の期末前3か月間に、一部の計画は実行済でした。

　すなわち、駐車可能台数を5台増加し、観光バスを計画通りに誘導していました。その結果、3か月間の売上高は前年比3％程度増加していました。この期間においては目論見通り客数が上昇していたのでした。

②計画1年目

　計画成立後、計画1年目において、外照明付大広告看板を設置しました。計画1年目以降、新規メニューの提供を次々に開始しました。

　例えば、刺身盛合せ、牛鉄板焼、各種御膳、鰻重、海鮮丼・いくら丼、しゃぶしゃぶ、海鮮なべです。また、飲み放題込みの宴会1名あたり単価を5千円以上としました。

　各種御膳は3種類用意し、高単価で同一価格のものを2種類、低単価のものを1種類用意して、心理的に高単価で同一価格のものが選好されるように処置しました。

飲み放題込みの宴会1名あたり単価を引き上げる方策として、最初は金・土・日曜日についてのみ5千円以上として客離れがないことを確認した後に、すべての曜日についても5千円以上とするというように段階的に引き上げていきました。

その結果、計画1年目は売上高が計画0年目対比10％以上上昇しました。

③計画2年目

計画2年目も前年同月比20％以上上昇しました。計画1年目と同様、目論見通り客数と客単価がともに上昇していました。

メニューを追加するのみでは、メニュー品目が多くなり効率が悪化するため、計画2年目において、品目の絞り込みを行い、売れ行きの悪いものや手間のかかるものを外しました。

一品単価や客数の増加によって処理量が多くなってしまい人員を増やすことのないようにするため、また、食材全般の回転率の悪化によって食材の廃棄ロスを増加させず、売上総利益率を低下させないようにするためです。

店内の座敷テーブル席について、顧客の老齢化や子供連れ家族客誘致などに対処すべく改良工事を施しテーブル下を掘り下げて腰かけられるようにすることも行いました。

■参考文献一覧

・アルフレッド・D．チャンドラー，Ｊｒ．著　有賀裕子 訳［2004 年］『組織は戦略に従う』ダイヤモンド社
・Ｍ・Ｅ・ポーター 著　土岐坤、中辻萬治、服部照夫 訳［1995 年］『［新訂］競争の戦略』ダイヤモンド社
・Ｐ・Ｆ・ドラッカー 著　上田惇生 編訳［2001 年］『マネジメント【エッセンシャル版】』ダイヤモンド社
・フィリップ・コトラー／ゲイリー・アームストロング 著　和田充夫 監訳［2003 年］『マーケティング原理　第 9 版』ダイヤモンド社
・ゲイリー・ハメル／Ｃ・Ｋ・プラハラード 著　一條和生 訳［2001 年］『コア・コンピタンス経営』日経ビジネス人文庫
・ジェイ・Ｂ・バーニー 著　岡田正大 訳［2003 年］『企業戦略論【上】【中】【下】』ダイヤモンド社
・ロバート・Ｓ・キャプラン／デビッド・Ｐ・ノートン 著　吉川武男 訳［2011 年］『バランス・スコアカード［新訳版］』生産性出版
・ヘンリー・ミンツバーグ／ブルース・アルストランド／ジョセフ・ランベル 著　齋藤嘉則 監訳　木村充、奥澤朋美、山口あけも 訳［1999 年］『戦略サファリ』東洋経済新報社
・伊丹敬之 著［2007 年］『経営を見る眼』東洋経済新報社
・楠木建 著［2010 年］『ストーリーとしての競争戦略』東洋経済新報社
・沼上幹 著［2009 年］『経営戦略の思考法』日本経済新聞出版社
・一般社団法人金融財政事情研究会 編［2016 年］『第 13 次業種別審査事典』きんざい
・日本政策金融公庫　小企業の経営指標調査
・金融庁平成 26 事務年度金融モニタリング基本方針
・金融庁平成 27 事務年度金融行政方針
・金融庁金融検査マニュアル別冊（中小企業融資編）
・金融庁金融検査マニュアル

■著者紹介

杉本　良人（すぎもと よしと）

杉本経営事務所代表　中小企業診断士　【認定】経営革新等支援機関
株式会社リンケージ顧問
1952年金沢市生れ　慶應義塾大学経済学部卒。
株式会社北陸銀行にて融資・国際業務担当した後、父親が創業・設立した卸・小売業の取締役副社長を経て、現職。
経営コンサルタントとして、東京都内の建設業、製造業、サービス業などの経営に副社長・顧問の職責で参画したほか、資金調達、売上拡大、経営改善、事業再生、創業、事業承継の支援を主業務とする。
著書に「金融仲介機能のベンチマーク」と企業再生支援（共著・同友館）がある。

2019年9月2日　初版第一刷発行

事業性評価の効率的方法
―仮説と対話による中小企業の経営向上策―

著　者	©杉　本　良　人
発行者	岩　村　信　寿

発行所	リンケージ・パブリッシング	〒104-0061 東京都中央区銀座 7-17-2 アーク銀座ビルディング 6 F TEL 03(4570)7858　FAX 03(6745)1553
発売所	株式会社 星雲社	〒112-0005 東京都文京区水道 1-3-30 TEL 03(3868)3275　FAX 03(3868)6588

乱丁・落丁はお取り替えいたします
ISBN 978-4-434-26427-6　　　　　　　　　　　Printed in Japan 2019

> 本書の内容を無断で複写・複製（コピー）、引用することは、特定の場合を除き、著作者・出版者の権利侵害となります。
> また、代行業者等の第三者に依頼してスキャンやデジタル化することは、いかなる場合も認められていません。

リンケージ・パブリッシング ベストセラー

大阪府事業引継ぎ支援センターの挑戦

大阪府事業引継ぎ支援センター 統括責任者
中小企業診断士

上宮 克己【著】

四六判／180頁／定価(本体2,000円＋税)

小さな会社でも諦めない！
事業承継・M&Aのスムーズな進め方

次々とM&Aを成約に導いていく名物所長が
関係者全員を幸せにする"定石"を公開！

目次

第1章	公的支援機関から見た中小企業における事業承継の現状	第4章	ホントに後継者がいませんか？従業員承継という選択
第2章	ケース別事業承継計画の作り方	第5章	中小企業のM&Aスキーム
第3章	トラブルを未然に防ぐ親族内承継の進め方	第6章	事業を後世に残すM&A

著者紹介

大阪府事業引継ぎ
支援センター　統括責任者
中小企業診断士
上宮 克己

1961年 大阪府生まれ
1986年 京都産業大学経済学部卒業、株式会社フクトク銀行入社
2001年 箕面商工会議所 中小企業相談所 所長 就任
2004年 上宮経営開発研究所 開設
2005年 財団法人大阪産業振興機構 大阪府中小企業支援センター サブマネージャー
2008年 独立行政法人中小企業基盤整備機構 近畿本部 事業承継コーディネーター
2012年 大阪府事業引継ぎ支援センター・統括責任者(プロジェクトマネージャー)
現在、株式会社上宮経営開発研究所 代表取締役、関西ＢＳＣ研究会 会長も務める。中小企業に財務、顧客、業務プロセス、人材と変革の視点の調和をとるバランス・スコアカードの導入による経営戦略・経営計画作成実行支援(1258社)、事業承継(経営の承継・経営者の承継・資産の承継)計画作成実行支援(2381社)、M＆A支援(成約152社)、顧客満足経営等の支援をおこなっている。金融機関、中堅中小企業、中小企業大学校、大学、商工会議所等において、事業承継セミナー、M＆Aセミナー、バランススコアカードによる経営計画作成セミナー等の講師も多数実施している。著書に『小さな会社にも活用できるバランス・スコアカードの創り方(新訂3版)』(同友館)。